国家自然科学基金项目资助(71803014)
教育部人文社会科学研究青年基金项目资助(18YJCZH182)

道德两难决策权衡

王 艳 ◎ 著

决策是人们社会生活的重要组成部分。
由于一些不可控的因素，
人们在决策过程中经常会处于左右为难的境地，
被迫做出艰难的抉择。

中国社会科学出版社

图书在版编目(CIP)数据

道德两难决策权衡 / 王艳著 . —北京：中国社会科学出版社，2019.4
ISBN 978-7-5203-4430-2

Ⅰ.①道… Ⅱ.①王… Ⅲ.①道德-研究 Ⅳ.①B82

中国版本图书馆 CIP 数据核字（2019）第 090176 号

出 版 人	赵剑英
责任编辑	任　明
责任校对	周　昊
责任印制	郝美娜

出　　版	中国社会科学出版社
社　　址	北京鼓楼西大街甲 158 号
邮　　编	100720
网　　址	http：//www.csspw.cn
发 行 部	010-84083685
门 市 部	010-84029450
经　　销	新华书店及其他书店
印刷装订	北京君升印刷有限公司
版　　次	2019 年 4 月第 1 版
印　　次	2019 年 4 月第 1 次印刷
开　　本	710×1000　1/16
印　　张	11
插　　页	2
字　　数	171 千字
定　　价	68.00 元

凡购买中国社会科学出版社图书，如有质量问题请与本社营销中心联系调换
电话：010-84083683
版权所有　侵权必究

目 录

第一章 导 论 ……………………………………………………（1）
  第一节 道德概念 ………………………………………………（1）
  第二节 道德两难决策权衡 ……………………………………（2）

第二章 道德两难决策权衡的研究概述 ……………………（8）
  第一节 基于英文文献数据库检索的研究概述 ………………（8）
  第二节 基于中文文献数据库检索的研究概述 ………………（13）
    一 基于 Web of Science 的中国科学引文数据库的检索 ……（13）
    二 基于 CNKI 中国知识资源总库的检索 …………………（14）
  小结 ………………………………………………………………（15）

第三章 道德两难决策权衡的行为学研究 …………………（16）
  第一节 道德两难决策权衡的个体差异 ………………………（17）
    一 性别 …………………………………………………………（17）
    二 人格特质 ……………………………………………………（19）
    三 情绪状态 ……………………………………………………（23）
    四 认知负荷 ……………………………………………………（24）
  第二节 道德两难决策权衡的实验情境性因素 ………………（25）
    一 框架效应 ……………………………………………………（25）
    二 心理距离 ……………………………………………………（27）
    三 文化因素 ……………………………………………………（28）
  第三节 道德两难和与道德无关的两难决策权衡
         对后续任务的影响 ……………………………………（29）
    一 实证案例（一）道德两难决策影响其后
       执行控制的研究 ………………………………………（31）

二　实证案例（二）道德两难决策影响其后
　　　　风险决策的研究 …………………………………………（43）
第四章　道德两难决策权衡的神经科学研究 ……………………（54）
　第一节　ERP研究 …………………………………………………（55）
　　一　ERP相关技术 ………………………………………………（55）
　　二　道德两难决策权衡的ERP相关研究 ………………………（65）
　第二节　fMRI研究 ………………………………………………（70）
　　一　fMRI技术 ……………………………………………………（70）
　　二　道德两难决策权衡的fMRI相关研究 ………………………（72）
　第三节　脑刺激（TMS、tDCS）研究 …………………………（82）
　　一　TMS技术 ……………………………………………………（83）
　　二　tDCS技术 ……………………………………………………（84）
　　三　道德两难决策权衡的脑刺激相关研究 ……………………（85）
　第四节　脑损伤病人的研究 ………………………………………（88）
第五章　道德两难决策权衡的跨文化研究 ………………………（91）
　第一节　东西方的文化差异 ………………………………………（91）
　第二节　跨文化的研究案例 ………………………………………（95）
　　一　实证案例（三）道德两难决策中的中西方文化差异 ……（98）
　　二　实证案例（四）种族文化因素影响
　　　　道德两难决策的研究 …………………………………（113）
　　三　实证案例（五）捐助决策的跨文化研究 ………………（127）
　小结 …………………………………………………………………（137）
第六章　结论与展望 …………………………………………………（138）
　　一　整合研究视角 ………………………………………………（138）
　　二　多种脑成像技术相结合 ……………………………………（139）
　　三　实验情境的真实性 …………………………………………（139）
　　四　被试群体的多样性 …………………………………………（140）
　　五　中国文化下的道德两难决策权衡 …………………………（140）
　　六　跨学科交叉合作 ……………………………………………（141）
参考文献 ………………………………………………………………（142）
后记 ……………………………………………………………………（172）

第一章

导 论

第一节 道德概念

自古以来,道德作为社会生活中不可或缺的重要方面,一直以来都是人们所关心的话题。研究者认为,道德通常以善恶为评价标准,可以通过一系列应该做或者最好避免去做的事情来定义,例如:不去偷,不去抢,不去伤害他人,对他人友善等。研究者认为,道德是指一系列被社会所拥护用于引导人们社会行为的价值观念和传统习俗的集合(罗跃嘉等,2013)。在一些文化中,一个人被认为是有道德的,是指这个人的所作所为绝大多数是符合社会规范的(Lind,2008)。道德是规范人际关系的重要原则,它在调节人与人之间的关系时发挥着法律所无法起到的重要作用。几乎所有文化中都强调和推崇道德的作用,人们往往愿意把道德看作人和动物的分界线,愿意听到道德高尚的评价(Kvaran & Sanfey,2010)。道德认知像听觉、视觉和感觉一样,是人性非常重要的一部分(Young & Koenigs,2007)。

心理学家 Haidt 在 2007 年的 *Science* 上发表综述指出,道德领域的研究主要包括以下五个方面:拒绝伤害/关爱(Harm/care)、公平性(Fairness/reciprocity)、对群体忠诚(Ingroup/loyalty)、服从权威(Authority/respect)以及精神纯洁(Purity/sanctity)(Haidt,2007)。拒绝伤害/关爱往往与对他人的关心和利他行为相联系,经典的道德困境往往涉及伤害行为,显而易见的伤害是人类生存繁衍最直接的威胁。公平性往往与公正和互惠等特征相联系。人作为社会性动物,在社会交换中获益,并在社会交换中遵循互惠原则(Trivers,1971),如果一方在付出代价后未获得等价的回报，这不仅是一种物质损失，也是一种对于情感的伤害。忠诚是有助于群际竞争的道德行为。反过来说，忠诚冒犯，便会使群体凝聚力减弱，从而会在群际竞争中失利。而群体的失利，最终伤害的是个体。权威讲究的是群体中的等级秩序。纯洁是获得较多探讨的道德领域，常用来和伤害领域做对比。诸如乱伦、乱交、兽交之类的非正常性行为，其背后隐藏着传染、传播疾病的风险，不论对自身还是对他人（包括动物），都是伤害（詹泽等，2019）。

也有哲学家们把道德分为描述性和规范性两个类型（罗跃嘉等，2013）。描述性涉及个体成员与社会和群体之间的关系，主要指对群体忠诚、服从权威和精神纯洁。规范性的道德则主要关注拒绝伤害性的行为以及公正公平性。在道德基础理论的这几个方面中，拒绝伤害性的行为和公正公平性是道德研究领域中最重要的两个方面，也是社会学、心理学、经济学等诸多学科研究的热点问题。这两个方面主要涉及人们怎样去对待彼此。同时，这两个方面也具有一定的关联，表现在人们对于自己亲近的人的痛苦和需求更加敏感，并且对他们所遭受到的不公平的待遇也更加关注。

第二节　道德两难决策权衡

决策是人们社会生活的重要组成部分，小到微不足道的选择，大到可以改变人生命运的抉择，决策无时无刻不伴随着我们的生活，可以说人们的一切行为活动几乎都是决策的结果。换句话说，正是一次次的选择决策构成了我们的人生轨迹。由于一些不可控的环境等外界因素，人们在决策过程中经常会处于左右为难的境地，被迫做出艰难的抉择。人们通常会思考自己的决策是否是合情合理的，是否符合道德的标准。道德两难决策往往是两难决策过程中涉及道德相关的内容。这一类决策权衡往往没有明显的正确和错误之分。

道德决策一直是道德心理学研究的重点，同时也是社会认知的重要成分。研究者认为道德决策由以下几个步骤构成：(1) 道德感知 (moral perception)；(2) 道德推理 (moral reasoning)；(3) 道德判断

(moral judgment);（4）道德目的（moral intention）；（5）道德行为（moral behavior）；（6）道德行为评价（moral behavioral evaluation）。其中，道德判断一直是学者们研究的重点内容，引起了大批研究者的浓厚兴趣（Srnka，2004）。道德判断是指根据社会中形成的标准和价值观来对行为进行好或坏的评价（例如，不去偷窃抢劫或者做一个好公民等）。人们往往根据这些标准或价值观在他们自身的内部表征来判断某种行为从道德上讲是好的还是坏的（Prehn et al.，2008）。

现实生活中的决策问题常常与道德相关。例如，个人的工作选择，我们往往把它看作一种纯个人的决策。然而，在我们的工作生涯中，我们往往会通过选择不同的途径做出许多对他人有益或有害的事情。当然，某些决策问题更多地包含了道德相关的内容，像堕胎、安乐死、罪犯的死刑以及对穷人的援助等。下面我们来看这样一个例子。假如你是一名医生，并且你正在一个偏远的乡村执勤。你接到一个电话说A地区有一名病人患病，他生命垂危，需要马上进行紧急救治。你答应了立即就去救治，马上开车前往A地区。但是，在你开车赶往A地区的路上，你又接到电话说B地区也有三名病人需要急救。此时，如果你选择继续前往A地区，你会救活一个病人，但来自B地区的另外三名需要急救的病人就会死去。相应地，如果你选择去B地区，你可以救活三个病人，但A地区的那个病人会死去。现在你来决定前往哪个地区？你可能会坚持自己的承诺去救A地区的一个病人，也可能违背承诺去救治尽可能多的病人。但是，通常无论决策者最后做出哪个决策都会感到不舒服。这是一个典型的有关道德困境（moral dilemma）决策的例子。

电车困境的案例是哲学家们讨论比较多的一个假想的故事。电车困境（trolley dilemma）的例子如下（如图1.1所示）：一辆失去控制的电车正驶向五个正在轨道上工作的工人，毫无疑问行驶的电车将会撞死他们。你唯一能救五名工人的办法就是启动一个转换开关，把列车引向另外一个轨道，而这样做将会杀死另外一个正在该轨道上工作的工人。该问题就是，为了救五个人，你会推动开关使电车转向而撞向一个人吗？对于这一问题，大多数人给出了肯定回答。牺牲一个人的生命以挽救五个人的生命，这看起来确实是正当的事情。那么，现在请考虑另一个相似的问题：人行桥困境（footbridge dilemma）（参见图1.1）。在该情境

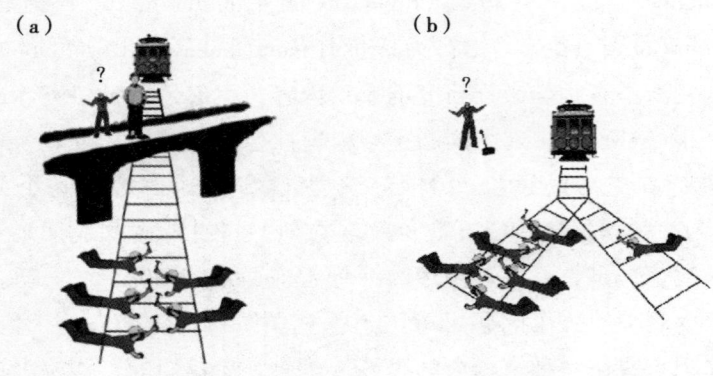

图1.1 (a) 人行桥困境 (b) 有轨电车困境

中,同样有一辆失去控制的电车正驶向轨道上的五个工人,毫无疑问行驶的电车将会撞死他们。这时你正站在一座人行桥上,该人行桥横跨电车轨道。你身旁站着一个身材魁梧的人,他身体高大足以卡住电车。此时救这五个工人性命的唯一方法就是把这个人从人行桥上推下去。如果你这么做,他无疑会被撞死,但他的身体会阻止电车驶向这五个工人,五个工人会获救(你考虑过自己跳下轨道,可你意识到自己身体太小了,无法挡住电车)。现在问题就是,为了救这五个工人,你会把这个陌生人从人行桥上推下去吗?面对这个问题,大多数人给出了否定回答,认为将魁梧大汉推向轨道是极其严重的错误。尽管同样是牺牲一个人来救五个人的情境,在电车事件中的大多数人表示愿意推动开关,而在人行桥事件中,人们却不愿意把一个人推下桥去。人们普遍认为将某个人推下桥致死是一桩可怕的事情,即使这样做挽救了五个无辜的生命。

然而这便产生了一个道德难题:同样是牺牲一个生命以挽救五个生命,为什么这一原则在电车困境中看起来似乎是正确的,而在人行桥困境中看起来却是错误的呢?如果在电车困境中,生命的数目很重要,即挽救五个生命比挽救一个生命更好;那么我们为什么不能将这一原则应用到人行桥困境中,而把魁梧大汉从桥上推下去呢?人们可能会说,将一个人推向死亡看起来非常残忍。然而,推动开关导致电车撞死一个人就不残忍了吗?人们可能还会说,将天桥上的壮汉推下去之所以不对,可能是因为这样违背了魁梧大汉的意愿而利用了他。桥上的壮汉只是站在那里，他并没有选择参与其中。然而，那个在岔道上工作的人也没有选择要参与其中，他也只是在做自己的工作，也并不愿意在电车事件中牺牲自己的生命，而且在紧急情况下牺牲自己的生命以挽救他人的生命并不在这份工作的职责范围内。也许人们还会这样辩解：尽管人们在做决策时可以预见电车事件中岔道上那个工人的死亡，但是并没有想要他死。如果运气足够好的话，不仅这个人可以存活，另外五个人也可以幸免于难。然而，这一点在人行桥事件中也仍然成立。壮汉所要做的就是挡住电车，如果壮汉能够既挡住电车又能存活下来的话，你也将会非常高兴。

  深入思考后我们也许会发现，电车事件和人行桥事件这两种情形应当依据同一原则来裁定。两者都涉及故意选择牺牲一个无辜者的生命，以防止一个更大的更严重的损失。然而要解释这些情形的道德差别并非易事——为什么使电车转向岔道似乎是对的，而将人从桥上推下去就是错的呢？尽管用自己的双手将一个人推向死亡要比推动转换开关看起来似乎更残忍一些（桑德尔，2012）。

  伦理学家认为道德两难决策权衡就是指人们在决策时需要面对两种或两种以上相反的道德观或者是道德需求之间的冲突（Ciaramelli et al., 2007）。某些道德两难决策权衡源于相互冲突的道德原则。例如，在失控的电车困境中起作用的一种原则就是，我们应该尽可能多地挽救生命，牺牲一个人的生命而避免更多的人死亡是更好的（功利主义原则）。而另外一种与之对应的道义论的原则则认为，即使理由很好，但是杀害一个无辜的人就是不对的。当我们面临着需要杀害一个无辜的人来挽救一些人的生命时，我们便遇到了道德困境，进行道德两难决策权衡。

  公平性是道德的另一个主要研究方面，是人类基本的道德问题之一，因而是心理学、社会学、经济学、伦理学等诸多研究领域的热点。公平通常指公正、不偏不倚，是指对有关的人公正和平等地对待。通常，公为公正、合理，能获得广泛的支持；平是指平等、平均。公平是社会和谐与社会发展的重要方面，是人类社会追求的目标和基本价值之一，公平行为通常被人们赞赏和提倡。

  当人们做出分配决策时，往往涉及在公平和效率之间进行权衡

(tradeoff)。权衡是决策行为的一个重要特点，是一种非常复杂的心理过程。在决策过程中，不同的可选项可能存在着不同的特性，而又不存在一个可选项在所有特性上都优于其他特性，此时，决策者如果想要提高某个特性就不得不以牺牲另一个特性为代价，在这种情况下，决策者往往需要对不同的特性进行比较，决定孰轻孰重，即进行权衡（李晓明、傅小兰，2004）。我们来看下面的一个例子。假如你现在是一名卡车司机，你正开着载重100千克食物的车前往饥荒地区进行援助。如果你开车把饥荒的地方都走遍，即把食物送达给每一个处于饥荒的人手中，那么送达的整个时间会导致20千克的食物因变质而浪费。而如果你只把食物送给饥荒中的一半人，那么你将只浪费5千克的食物。你是否会为了最大化运送食物的总量而只把食物送达给处于饥荒中的一半人（效率更大），还是舍弃15千克的食物来帮助困境中的每一个人从而达到一个更公平的分配？这就是一个典型的需要在公平和效率之间进行权衡的道德两难决策。

在分配决策的过程中往往也存在功利主义与道义论之间的争论。功利主义强调最大效率，即如何获得最大的利益。例如在上述的例子中，把尽可能多的食物分配给处于饥荒的人们以达到利益最大化。而道义论的原则则更多地强调责任义务，关注应当做什么，不应当做什么，并非如何使结果达到最大价值。例如，无论什么情况下，偷的行为都是不对的，即使某种情况下偷的行为可以带来更好的结果。再比如，道义论的原则拒绝伤害他人的行为，尽管这些伤害的行为可能是为了阻止更大的伤害。在分配过程中，道义论的原则强调公平正义，倾向于公平性的分配方案。尽管两方面的选择结果截然不同，但从不同的角度来看，两方面的选择都是对的。当人们面临公平和效率的两难选择时，往往需要进行权衡。

公平对于人际交往和社会的稳定都是至关重要的。人们在财富分配过程中尤为注重公平，甚至愿意舍弃个人的经济利益（效率）来惩罚不公平的行为。研究者通常通过蕴含公平和效率冲突的实验范式来考察人们的公平性。而这种包含冲突的决策也往往是心理学家和社会学家所关注的研究课题。例如，最后通牒博弈（the Ultimatum Game，UG）就是一个比较经典的包含冲突的实验范式，这一双人的博弈任务最早是由Güth等人（1982）引入的。在该任务中，两个实验参与者来分配一笔钱。由其中一个参与者作为建议者（Proposer）来提出分配提议，另外一个人作为反应者（Responder）可以选择接受或者不接受该分配提议。如图1.2所示，如果建议者的分配提议被反应者接受，那么最终按照建议者的分配提议进行钱数分配；如果建议者的分配提议被反应者拒绝，那么两个参与者都拿不到钱。最后通牒博弈是探讨人们如何对待自我利益和公平行为最常用的实验范式之一。

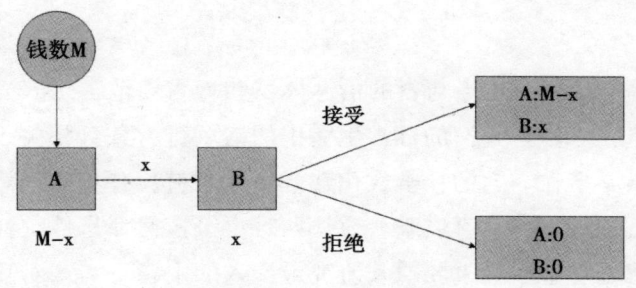

图1.2　最后通牒博弈示意

最后通牒博弈反映了自我利益最大化和追求公平之间的冲突。该范式主要考察人们对于公平的反应，是用来研究人们公平感的经典范式之一。在最后通牒博弈中，反应者面临着一个两难困境，需要在理性地接受他人提出的不公平的分配方案（效率最大化）和感性地拒绝不公平的分配方案（公平更重要）之间做出选择。从博弈理论的角度来看，按照传统经济学理性人自我利益最大化的假设，反应者应该接受任何非零的分配提议（如果拒绝的话就得不到钱，聊胜于无）。而建议者知道反应者的这一倾向，可以分配给反应者高于零的最低数额。然而，事实上人们的分配策略往往与这一假设背道而驰。大量的实证研究结果一致地发现，建议者给出的提议大多是五五分，平均提议是分给对方总额的30%—40%，少于10%的提议不到3%，而当建议者提出分给反应者低于总额20%的分配提议时，有一半的情况遭到反应者的拒绝（Anen，2007）。也就是说，人们在决策过程中并不是绝对理性的，也会关心物质利益的分配是否是公平的。当人们认为公平严重受到威胁时，可能会舍弃自我利益而维护公平。在最后通牒博弈中，自利动机与公平寻求动机的权衡决定着最终的决策行为。

第二章

道德两难决策权衡的研究概述

道德是衡量行为正当与否的信念体系和行为规范，是人类长期以来关注的焦点，道德与我们的日常生活中的诸多行为息息相关。而道德两难决策权衡是指在一定的社会文化背景下，对道德有关的现象进行分析与评价的心理过程。一直以来，道德两难决策权衡都是传统社会心理学与现代道德心理学中最重要的和研究最深入的主题。本章对目前道德两难决策权衡研究现状的概述主要基于中英文文献数据库的文献检索情况，来展示当前对道德两难决策权衡的研究现状。

第一节 基于英文文献数据库检索的研究概述

Web of Science 是全球最大、覆盖学科最多的综合性学术信息资源，收录了自然科学（SCI）、工程技术（EI）、社会科学（SSCI）、艺术与人文（AHCI）等各个研究领域最具影响力的超过 8700 多种核心学术期刊。利用 Web of Science 丰富而强大的检索功能——普通检索、被引文献检索、化学结构检索，可以方便快速地找到有价值的科学研究信息，既可以越查越旧，也可以越查越新，有助于全面了解有关某一学科、某一课题的研究信息。利用 Web of Science 数据库，本章内容尝试对道德两难权衡领域的研究总体状况做一简单分析。

首先，以"moral dilemma, moral judgement, fairness, justice, equity"作为主题词，以 2008—2018 年区间为检索时间，在 Web of Science 核心合集中进行检索，并将 Web of Science 类别和研究方向限定在与"经管、人类学、文化研究、心理学、伦理学、行为科学、神经科学和社会学"

第二章 道德两难决策权衡的研究概述

等相关的研究方向上。在上述检索条件下，共检索出19552条词条。从文献类别上看，排名前三名的分别为Article、Meeting和Review这三种类别。其中，关于道德两难决策权衡的文献以Article类型为主，共15702篇，研究者多对研究结果进行阐述，多为实验报告，占总数的80.3%。会议论文为1940篇，占总数的9.9%。Review即文献综述类为650篇，占总数的3.3%。

接着，根据"出版年"字段排列词条，利用Web of Science自带的"分析检索结果"功能进行分析。从图2.1可以看出，关于道德两难权衡的相关英文论文篇数基本上呈现逐年增长的趋势。

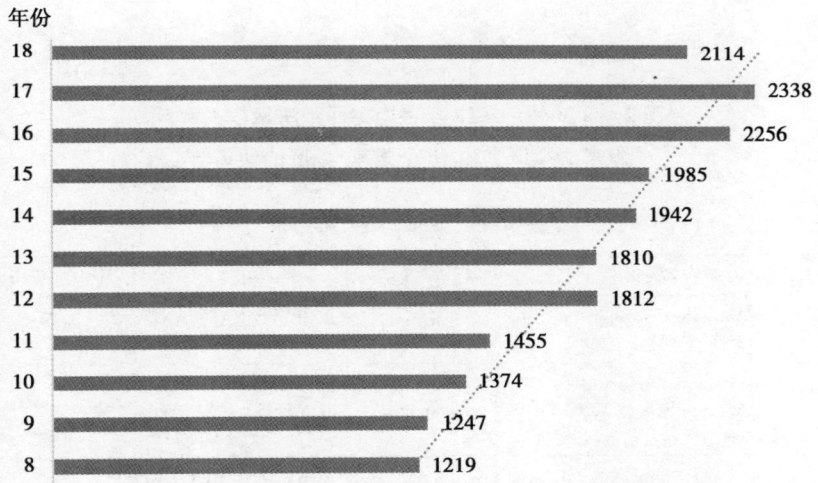

图2.1　2008—2018年研究者在道德两难决策权衡相关领域发表文章的词条数

随后，根据"国家/地区"字段排列词条，利用Web of Science自带的"分析检索结果"的功能进行分析，结果如图2.2所示，美国的文献词条数量最多，共7707条，占总量的39.4%，远超于其他国家；其次为英国，共1962条，占总量的10.0%；而中国的词条数位于第三位，共1674条，占总量的7.9%。

根据Web of Science数据库的英文分析报告显示，2008—2018年间被引用次数最多的前10篇文献参见表2-1。

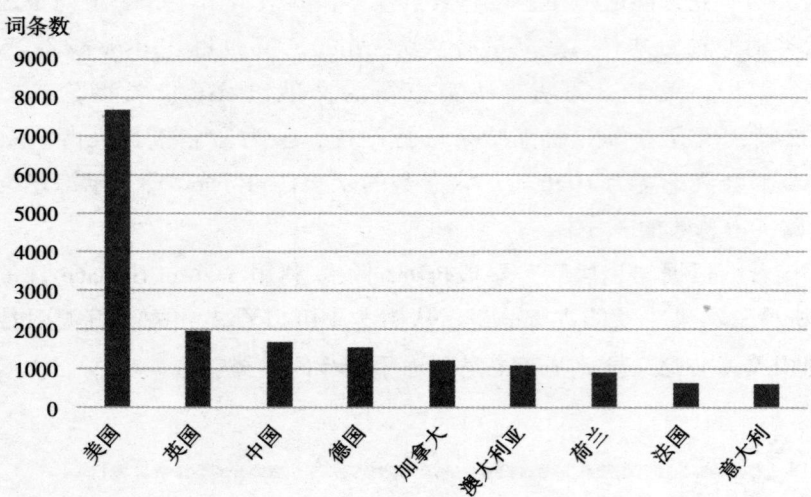

图 2.2 2008—2018 年在道德两难决策权衡领域
发表文章最多的 10 个国家/地区的词条数

表 2-1　　　　　　　　被引频次最多的 10 篇文献

序号	题目	作者	期刊	年份	被引总数
1	The weirdest people in the world?	Henrich et al.	BEHAVIORAL AND BRAIN SCIENCES	2010	1512
2	Liberals and Conservatives Rely on Different Sets of Moral Foundations	Graham et al.	JOURNAL OF PERSONALITY AND SOCIAL PSYCHOLOGY	2009	939
3	The Social Brain: Neural Basis of Social Knowledge	Adolphs&Ralph	ANNUAL REVIEW OF PSYCHOLOGY	2009	643
4	Oxytocin shapes the neural circuitry of trust and trust adaptation in humans	Baumgartner et al.	NEURON	2008	635
5	Early predictors of job burnout and engagement	Maslach et al.	JOURNAL OF APPLIED PSYCHOLOGY	2008	583
6	Understanding others' actions and goals by mirror and mentalizing systems: A meta-analysis	Van Overwalle et al.	NEUROIMAGE	2009	574
7	Disgust as embodied moral judgment	Schnall et al.	PERSONALITY AND SOCIAL PSYCHOLOGY BULLETIN	5008	511

续表

序号	题目	作者	期刊	年份	被引总数
8	The Effect of Emergency Department Crowding on Clinically Oriented Outcomes	Bernstein et al.	Annual Meeting of the Society-for-Academic-Emergency-Medicine (SAEM)	2008	506
9	Mapping the Moral Domain	Graham et al.	JOURNAL OF PERSONALITY AND SOCIAL PSYCHOLOGY	2011	505
10	How low does ethical leadership flow? Test of a trickle-down model	Mayer et al.	ORGANIZATIONAL BEHAVIOR AND HUMAN DECISION PROCESSES	2009	477

为了解国内近年来在道德两难权衡领域的英文文章的发表情况，首先在上述检索条件的基础上，将国家/地区限定为中国，对英文文献再进行检索并统计每年的词条数。同样地，以"moral dilemma，moral judgement，fairness，justice，equity"作为主题词，以 2008—2018 年区间为检索时间，在 Web of Science 核心合集中进行检索，仍将 Web of Science 类别和研究方向限定在与"经管、人类学、文化研究、心理学、伦理学、行为科学、神经科学和社会学"等相关的研究方向上。发现在中国地区的 1674 条题目中，从文献类别上看，排在前三名的分别为 Article、Meeting/ MEETING ABSTRACT 和 Review 这三种类别。其中，文献以 Article 类型为主，共 1062 篇，研究者多对研究结果进行阐述，多为实验报告，占总数的 63.4%。会议论文/会议摘要 585 篇，占总数的 34.9%。Review 即文献综述类为 26 篇，占总数的 1.6%。

根据"出版年"字段排列词条，利用 Web of Science 自带的"分析检索结果"功能进行分析。从图 2.3 可以看出，国内学者关于道德两难权衡的相关英文论文篇数呈逐年增长的趋势，且上升的趋势更加明显。

从论文来源的研究机构来看，排在前三名的研究机构分别为中国科学院、北京大学、香港中文大学，这三个单位的论文数量最多。其中，中国科学院的论文数量为 91 篇，占 8.6%；北京大学为 89 篇，占总数 8.4%；香港中文大学为 77 篇，占总数 7.3%。

根据 Web of Science 数据库的英文分析报告显示，其中被引用次数最多的含有中国机构的前 10 篇文献参见表 2-2。

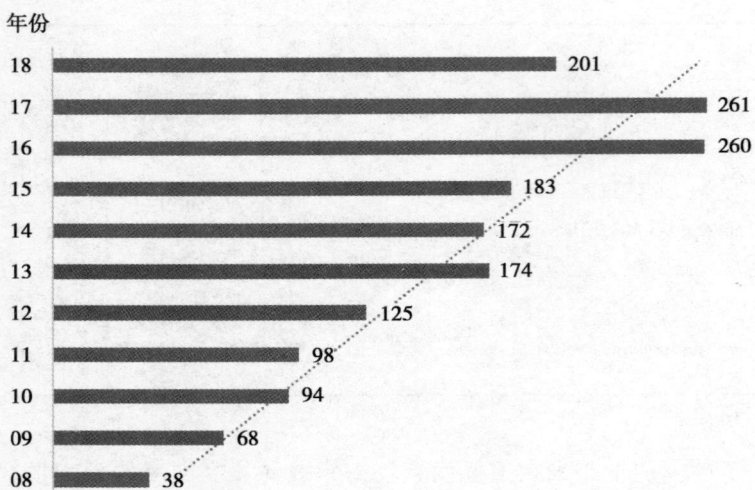

图 2.3 2008—2018 年中国研究者在道德两难决策权衡相关领域发表文章的词条数

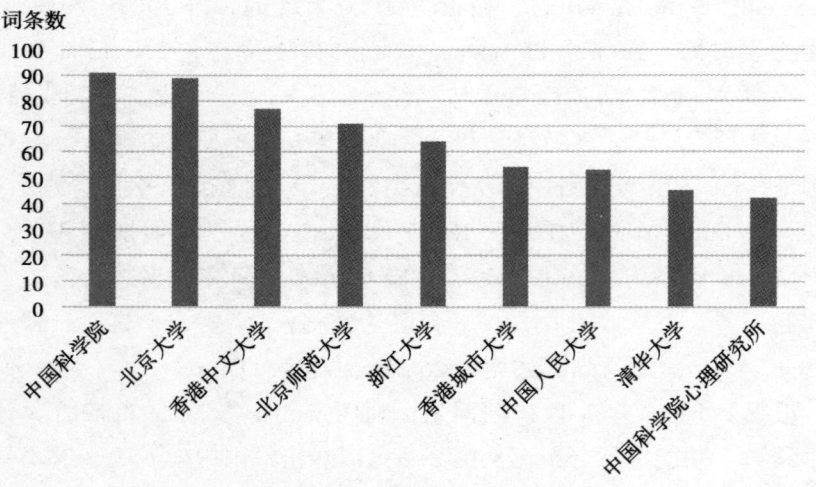

图 2.4 2008—2018 年发表英文文章最多的机构

表 2-2　　　　　　　　被引频次最多的 10 篇文献

序号	题目	作者	期刊	年份	被引总数
1	Ether-and alcohol-functionalized task-specific ionic liquids: attractive properties and applications	Tang et al.	CHEMICAL SOCIETY REVIEWS	2012	315

续表

序号	题目	作者	期刊	年份	被引总数
2	Stocks as Lotteries: The Implications of Probability Weighting for Security Prices	Barberis et al.	AMERICAN ECONOMIC REVIEW	2008	256
3	Linking ethical leadership to employee performance: The roles of leader–member exchange, self-efficacy, and organizational identification	Walumbwa et al.	ORGANIZATIONAL BEHAVIOR AND HUMAN DECISION PROCESSES	2011	200
4	Cognition-Based and Affect-Based Trust as Mediators of Leader Behavior Influences on Team Performance	Schaubroeck et al.	JOURNAL OF APPLIED PSYCHOLOGY	2011	185
5	Genetics of Human Social Behavior	Ebstein et al.	NEURON	2010	155
6	The Role of Proactive Personality in Job Satisfaction and Organizational Citizenship Behavior: A Relational Perspective	Li et al.	JOURNAL OF APPLIED PSYCHOLOGY	2010	133
7	China's balance of emissions embodied in trade: approaches to measurement and allocating international responsibility	Pan et al.	OXFORD REVIEW OF ECONOMIC POLICY	2008	132
8	Does Power Distance Exacerbate or Mitigate the Effects of Abusive Supervision? It Depends on the Outcome	Lian et al.	JOURNAL OF APPLIED PSYCHOLOGY	2012	128
9	Evolution of worldwide stock markets, correlation structure, and correlation-based graphs	Song et al.	PHYSICAL REVIEW E	2011	128
10	Fairness in Distributive Justice by 3-and 5-Year-Olds Across Seven Cultures	Rochat et al.	JOURNAL OF CROSS-CULTURAL PSYCHOLOGY	2009	122

第二节　基于中文文献数据库检索的研究概述

一　基于 Web of Science 的中国科学引文数据库的检索

为进一步了解国内近年来在道德两难权衡领域的文章发表情况，首先在 Web of Science 的中国科学引文数据库中，以"道德两难、道德判断、公平、公正、平等"为主题词，以 2008—2018 年为检索时间，再对中文文献进行检索。并将研究方向限定在与"经管、人类学、文化研究、心理学、伦理学、行为科学、神经科学和社会学"等相关的研究方向上。在上述检索条件下，共检索出 381 篇。从文献类型来看，排在前三名的分别为 Article、Review 和 short paper 这三种类别。其中，文献以 Article 类型为主，共 365 篇，研究者多对研究结果进行阐述，多为实验报告，占总数的 63.4%。Review 即文献综述类为 13 篇，short paper 为 3 篇。

在上述的中文文章中，贡献靠前的 10 家研究机构如图 2.5 所示。排在前三名的研究机构分别为华中师范大学心理学院、中国科学院心理研究所和北京师范大学心理学院，这三个单位的论文数量最多。其中华中师范大学心理学院的论文数量为 25 篇，占 6.6%；中国科学院心理研究所为 18 篇，占总数 4.7%；北京师范大学心理学院为 13 篇，占总数 3.4%。

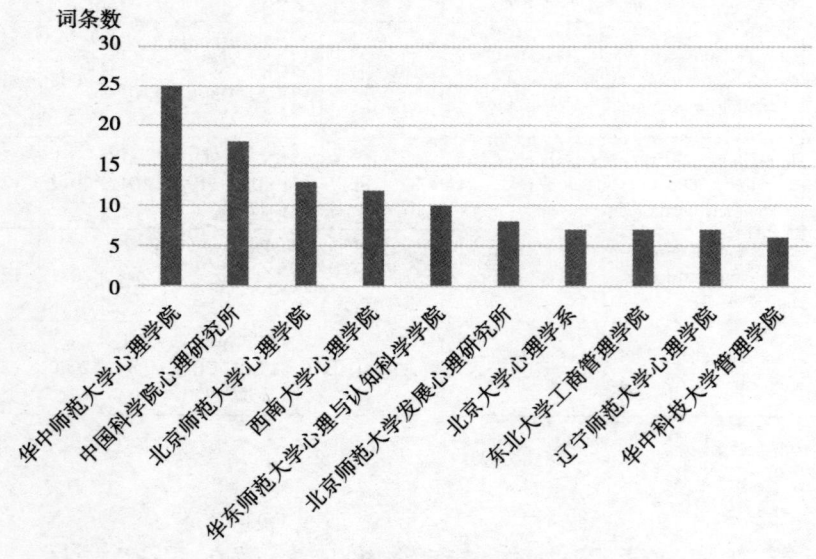

图 2.5　发表中文文章前十的机构

二　基于 CNKI 中国知识资源总库的检索

以"道德两难、道德判断、公平、公正、平等"为主题词，以 2008—2018 年为检索时间，再对中文文献进行检索，并将研究方向限定在与"经管、人类学、文化研究、心理学、伦理学、行为科学、神经科学和社会学"等相关的研究方向上。在上述检索条件下，在 CNKI 中国知识总库里共搜索到文献 5265 篇。利用 CNKI 数据库的统计功能,从图 2.6 可以看出,关于道德两难权衡的相关中文论文篇数基本上呈逐年增长的趋势。

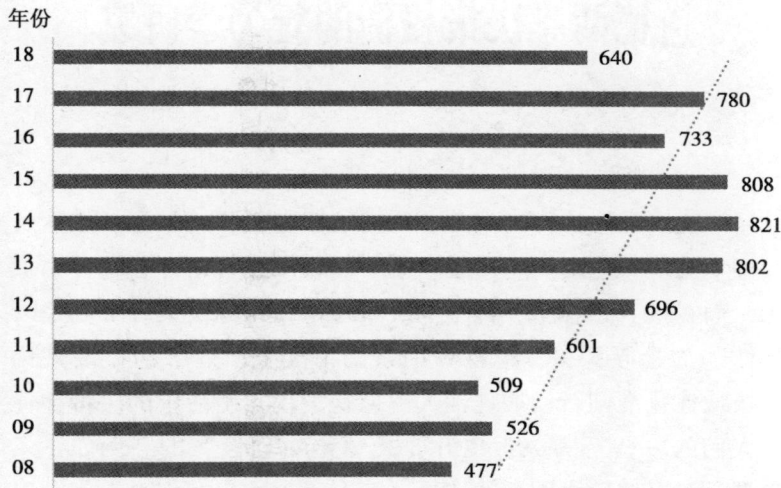

图 2.6　2008—2018 年中国研究者在道德两难决策权衡相关领域发表中文文章的词条数

小　　结

从相关文献的检索结果来看,关于道德两难决策权衡的论文在数量上呈逐年上升的趋势,内容上也日益丰富。本书的内容主要涉及拒绝伤害行为和公平性这两个道德领域的主要研究方面,以下章节主要从心理学和神经科学的视角阐述有关道德两难决策权衡的认知行为及神经科学层面的已有研究。

第三章

道德两难决策权衡的行为学研究

早期的决策理论认为决策是一个纯认知过程，并且完全排斥情感的作用，即认为决策是对一组可选项的可能结果进行估计，选择出最有利的结果。而在这一过程中，传统的决策理论往往把决策者看成是以"绝对的理性"为指导，在考虑种种因素的情况下，追求利益最大化的选择，是按最优化准则行动的理性人。但是，现实生活中的决策往往更加复杂。人们的一些行为决策也并非是"绝对理性"的。例如，人们都知道吸烟是对身体健康不利的选择，甚至吸烟的人在烟盒上都已经看到了"吸烟有害健康"的字样，可是人们还是会花钱来买烟。一些物品昂贵且不实用，可是我们有时仍然可能会花钱去把它们买下来。尽管我们知道经常锻炼身体、规律的作息有益身体健康，但却常常不能坚持下来。而一些想要节食减肥的人却常常难以抑制美食的诱惑，尽管他们知道吃下这些东西会导致他们发胖，与减肥的目的不符。再比如赌博，人们都知道从长远来看，在赌博中赢的一定是庄家，可是人们还是愿意去碰碰运气。大量的实证研究也证实了决策者并非是不受外界因素影响的理性的个体。

道德两难决策具有在道义论思维与功利主义思维之间进行权衡的特点。道义论思维的基础在于抽象的道德法则，而功利主义思维的基础在于具体的功利结果。越来越多的研究者对这一权衡过程进行深入研究，大量的实验结果表明道德两难决策不仅仅受到决策者自身因素的影响，也可能随着实验情境的变更而改变。下文主要为道德两难决策权衡的相关行为研究结果的阐述。

第一节　道德两难决策权衡的个体差异

在人类的社会生活中，每个人的反应可以说是千差万别。有的人喜欢冒险，有的人倾向于保守；有的人喜欢规避风险，有的人倾向于冲动敢为；有的人喜欢及时行乐，有的人选择延迟满足。研究表明，人们在决策过程中不仅违背"理性人"假设，而且人们的决策行为也不像传统经济学认为的那样同质，并不是所有人都遵循同样的决策模式。道德两难权衡中的个体差异，也是一个值得关注的研究方向。

一　性别

在许多心理指标中，男女两性之间存在着明显的性别差异。性别差异几乎是最受人们关注的人口统计学因素之一。男性和女性，在许多方面非常相似，但是他们之间的差异却更为引人注目，引起了科学家的广泛兴趣。在关于道德方面，有人戏称，男性和女性说着不同的道德语言。

Fumagalli（2010）等考察了道德两难决策权衡过程中的性别差异。该研究包括三种实验条件：（1）与道德无关的两难判断（non-moral dilemmas）；（2）不涉及个人的道德两难判断（impersonal moral dilemmas）；（3）涉及个人的道德两难判断（personal moral dilemmas）。实验结果发现，在与道德无关的两难判断和不涉及个人的道德两难判断条件下，男性和女性的选择不存在显著的性别差异。但当面临涉及个人的道德两难困境时，男女存在显著的性别差异，女性更倾向做出道义论的决策判断，而男性更倾向做出功利主义的决策判断（参见图3.1，以经典的人行桥事件为例：道义论的判断为拒绝把人从天桥上推下去来救轨道上的五个工人；功利主义的判断为选择把人从天桥上推下去来救轨道上的五个工人）。Friesdorf等人（2015）对40项使用道德两难困境的研究进行元分析，结果也同样发现了男女两性在道德两难决策权衡过程中的性别差异，女性比男性更倾向于选择道义论的决策判断。

徐同洁等（2018）认为，在道德两难决策权衡过程的性别差异可

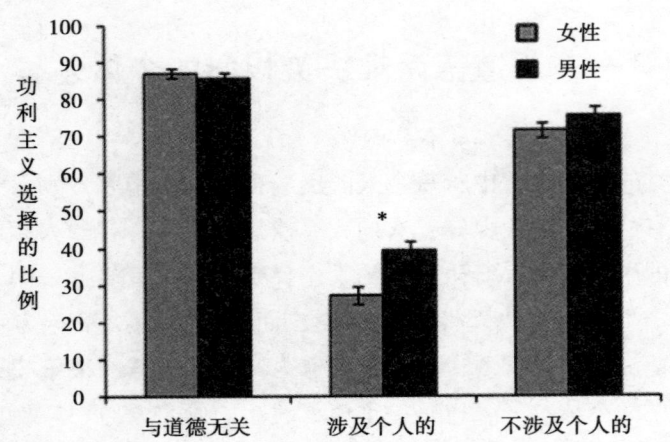

图 3.1 在道德两难决策权衡过程中选择功利主义比例的性别差异
（摘自 Fumagalli 等，2010）

能有以下几方面的原因：(1) 男性与女性在共情水平上的差异。共情（empathy）是个体与人交往中理解他人情绪状态的倾向（陈武英等，2014）。女性与男性相比，更能够感受到他人的情绪感觉——为他人的喜悦而高兴，为他人的悲伤而哭泣。研究表明，在加工情绪相关的信息时，女性杏仁核的激活水平要显著高于男性，尤其是面对负向情绪时，这一差异变得更加明显。在道德两难决策权衡过程中，当想要通过伤害他人来救更多的人，女性比男性更容易诱发社会负向情绪，对受害者的共情也更高，因而更容易拒绝伤害行为而选择道义论的决策判断。(2) 男性与女性在生理激素水平上的差异。Montoya 等人（2013）指出，睾丸酮这一雄性生理激素能减少恐惧、紧张等情绪体验，降低个体的共情水平，使人更加冷漠、麻木，因而受体内雄性激素的影响，男性可能更容易在道德两难决策权衡过程中做出功利主义的判断。(3) 男性和女性在大脑结构上的差异。研究表明，人类大脑存在广泛的性别差异，女性的额叶灰质体积显著大于男性，而在扣带回（cingulate cortex）、前脑岛（anterior insula）的功能连接上则要显著弱于男性（杨天亮等，2015）。这或许可以解释在道德两难困境判断中女性更多地受情绪直觉的支配而做出道义论判断，而男性更多地受理性推理支配而做出功利主义判断。

最后通牒博弈是行为经济学中研究人类公平决策的常见范式之一。关于最后通牒博弈的性别差异的大小和方向目前存在着争议，但是普遍认为在最后通牒博弈中是存在性别差异的（李欧等，2016；Güth & Kocher，2014）。由于男性和女性在大脑结构上的差异，例如，在扣带回、前脑岛上的功能连接强度存在差异，而这些脑区不仅与公平决策有关，而且都参与了最后通牒博弈中的决策过程（Tricomi & Sullivan-Toole，2015）。

二 人格特质

（一）生命史策略

近年来，随着进化心理学的发展，传统心理学家对该领域的关注不断增加，而采用进化心理学理论对个体行为进行解释的研究也越来越多。有研究指出，"evolution"一词其实翻译成"演化"更合适，因为"演化"相比"进化"一词更无方向性，更为贴合达尔文所提出的"evolution"一词的真实内涵。但由于历史原因，国内通常将"evolution"称作"进化"（王燕、陆慧菁，2010）。进化论主张人类的生理、心理和行为是在漫长的自然选择（Natural Selection）作用下发展遗传下来的，自然选择是指生物在生存斗争中适者生存、不适者被淘汰的现象，是人类进化的核心动力（乔玉成，2011）。自然选择会使人类做出适应性的改变，那些适应于自然选择的基因更利于个体的生存和繁衍，因而被一代代地遗传下来。生命史理论进一步认为，所有生命体都面临着如何有效分配时间、物质、能量等有限资源的问题。在与外界环境的互动过程中，人类始终在寻求最优策略（Optimal Strategy），以达到适应环境、促进生存与繁衍的目的（Kaplan & Gangestad，2015；向剑锋，2017）。生命史理论作为进化心理学的代表性理论之一，同时关注了环境因素和个体经验，是社会心理与个人心理的有机结合。但该理论在社会心理学领域的应用还十分有限（彭芸爽等，2016）。生命史理论主要关注个体对资源的分配，而在社会心理学领域与资源相关的一个重要的研究领域就是人们的道德行为，尤其是涉及公平和效率之间权衡的亲社会道德两难问题。基于以往的研究，二者之间具有紧密的联系。

根据生命史理论，由于生存和繁衍的资源有限性，当个体做出分配资源的相关决策时往往涉及权衡（Del Giudice, Gangestad & Kaplan, 2015）。在生命史理论中，权衡的过程是一个选择生命史策略的过程。生命史理论就是用来帮助解释人类如何、为什么和怎样在生命历程中根据不同目标来分配资源的理论（Griskevicius et al., 2011）。在产生适应性结果的同时，个体获得了两种不同且相对的生命史策略：快策略与慢策略（参见图 3.2）。在生命史理论中，采用快策略的个体在跨期决策中表现出较高的折现率，在生理成熟、择偶、养育孩子和风险偏好等多方面，与采用慢策略的个体在决策过程中有着显著的差异。

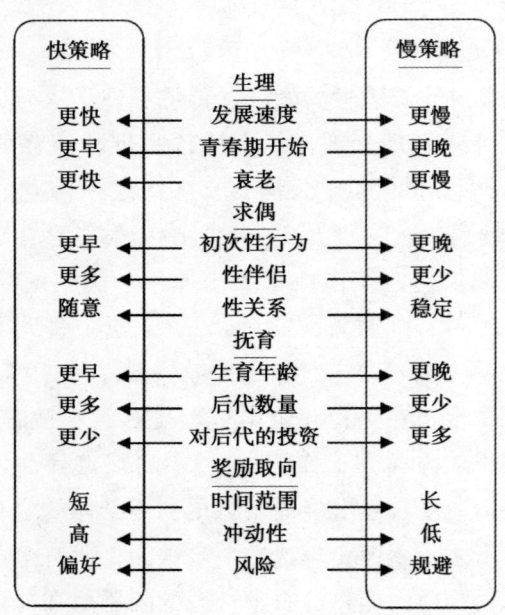

图 3.2　快策略-慢策略对比（摘自王瑞乐等，2018）

生命史策略的不同可以反映出个体不同的亲社会行为倾向。以往的研究结果发现，慢生命史策略与人们的道德直觉呈正相关关系（Gladden et al., 2009），与敌对态度/行为呈负相关关系（Wenner et al., 2013）。而采用快生命史策略的个体在感知到环境恶劣时则可能做出更多的自利行为（例如，在公共资源困境博弈中更多地从公共资源中获取利益）、更少的亲社会行为（如更少地帮助他人）。相比于持有快生命史策略的个体的冲动性、强烈的性驱动、缺乏强烈的情感依恋等特点，持有慢生命史策略的个体在与环境的互动中认知成分更多，思考更加倾向于深思熟虑，考虑得更长远，他们更能抑制情绪冲动，规范自己的行为（Figueredo et al., 2011）。

在社交任务中，慢生命史策略的个体往往表现出更多的社会赞许行为。持有慢生命史策略的个体不论是对内群体还是对其他人都更加友善，更倾向于采取互惠的、亲社会的、合作的行为策略。不仅如此，研究还发现慢生命史策略的个体通常对社会规范更敏感，更遵守社会规范（Figueredo et al., 2011）。研究者采用元分析的方法，整合了多篇文章的数据，发现偏向慢生命史策略的个体，在一般人格因子、共赢社交策略、自我评价得分更高，在敌对策略上的得分更低。其中，一般人格因子分数越高，意味着个体具有更高的开放性、责任心、外向性、宜人性，以及更低的神经质；共赢社交策略分数越高意味着个体更可能同时考虑自己和他人的利益，做出共赢的决策；自我评价的分数越高则意味着个体具有更高的自尊心、价值感；在敌对社交策略上的分数越高意味着个体更可能为了自身利益损害他人利益（Figueredo et al., 2011）。

在近期的一项研究中（王瑞乐等，2018），研究者采用了 Mini-K 量表来测量被试的生命史策略，然后采用情景研究法来考察生命史策略和道德判断之间关系。研究结果发现，在道德情境的两难判断中，慢生命史策略与道德违规行为的谴责程度正相关，与道德高尚行为的评价程度正相关。此外，该研究还通过道德基准问卷测量个体的道德观，结果发现生命史策略与"关爱/伤害""公平/欺骗""忠诚/背叛""权威/颠覆""洁净/堕落"五种道德基准均正相关。结果说明，生命史策略可以预测个体的道德判断和道德观，慢策略表现为对不道德行为的评价更低，对道德行为的道德评价更高，对五种道德基准更加认可。

（二）社会价值取向

人们对于不公正情境的心理反应在时间上和情境上都具有稳定性，而这种稳定性又存在着个体差异。近年来，有研究指出个体特征因素很可能对个体在公平感相关决策中产生重要影响（张慧等，2018）。在最后通牒博弈中，Bieleke（2017）发现社会价值取向与人们的公平偏好有关。社会价值取向（social value orientation, SVO）是指个体在与他人进行资源分配过程中，个体对自我结果和他人结果表现出的稳定偏好，主要包括亲社会取向和亲自我取向两种类型。亲社会取向的个体更愿意牺牲自我资源去建立公平分配和互利最大化，而亲自我取向的个体则更加关注自我利益，试图将自我利益最大化，忽视对他人的影响（van Lange，1999）。刘长江和郝芳（2011）的研究也发现，在初始资源处于相对劣势的情况下，亲社会取向的个体比亲自我取向的个体表现出更高的合作水平。亲社会取向的个体在自动加工方式下更可能拒绝不公平，说明亲社会取向的个体的公平偏好更可能是一种自动反应。对于亲社会的个体，其自动反应是拒绝不公平来追求公平偏好（Bieleke et al.，2017）。Calvillo 和 Burgeno（2015）发现认知反思能力与个体的公平偏好有联系。认知反思测试得分更高的个体更可能接受不公平，说明在系统 2 的控制加工下，个体更加偏好自我利益。

（三）其他人格特质

近年来，研究表明一些反社会人格特质与道德两难决策权衡有关，可以预测道德两难决策权衡过程中的功利主义判断。例如，精神病态特质（psychopathy）是一种人格障碍，表现为情绪功能紊乱、冷漠以及控制力差（Tassy 等，2013）。Gao 等人（2013）的研究发现，当面临道德两难困境时，高精神病态特质的个体对伤害他人行为的厌恶感较低，更愿意为了利益而采取伤害行为（例如牺牲一个人救五个人），做出功利主义的决策判断。另一方面，个体的依恋特质也会影响其在道德两难困境上的选择决策，研究表明不安全依恋的个体对道德两难困境中的伤害行为关注较少，对受害者的共情水平较低，因而会更多地做出功利主义决策判断（Koleva 等，2013）。

由于最后通牒博弈在本质上是有关公平的决策，研究者也探讨了一些人格特质与最后通牒博弈中公平决策的关系。Schmitt 等人（2008）采用 MBTI 人格问卷（Myers-Briggs Type Indicator，MBTI），发现该量表的一些人格特质的维度与最后通牒博弈中的公平选择决策有关。MBTI人格问卷是一个测量性格类型的非常流行的量表。该量表的维度在定向上分为外倾型（E）（extraversion）和内向性（I）（introversion）；感知上分为敏感性（S）（sensing）和直觉的（N）（intuition）；在判断上分为思考型（T）（thinking）和情感型（F）（feeling）；在对世界的态度上分为判断型（J）（judgment）和感知型（P）（perception）。研究结果发现，情感型（F）和外倾型（E）个体在最后通牒博弈中会倾向于分给对手公平的分配，情感外倾型（FE）个体的表现最为公平。当外倾型（E）个体作为最后通牒博弈中的回应者时，也最能容忍不公平，即更愿意接受不公平分配提议（Schmitt et al.，2008）。

三 情绪状态

在经典的人行桥困境中，牺牲一个人的性命可以挽救五个人的性命。然而，这一决策却需要把一个人从人行桥上推下去导致其被失控的电车撞死。尽管这样做避免了更多人的死亡，然而大多数人并不认可这一选择决策。人行桥困境这样的道德两难困境，往往涉及情绪直觉与深思熟虑的认知系统之间的竞争。神经成像的研究已经指出，这一过程既激活了情绪相关的脑区，也诱发了认知相关脑区的激活（Greene et al.，2001，2004）。而做出功利主义的选择决策（把人从桥上推下去来救更多的人）意味着认知系统相比情绪直觉占了上风，克服了自动的社会负向情绪的影响（Greene et al.，2004）。

那么，个体的情绪状态是否会影响其道德两难决策权衡的结果呢？Valdesolo 等人（2006）通过观看影片来操作个体的情绪状态，指出对人们情绪状态的技巧性的操纵可能会影响其道德判断。与观看中性影片的对照组相比，该研究通过喜剧影片诱发了被试的愉快情绪，实验结果发现处于正向情绪的个体在人行桥困境中更多地做出功利主义决策。然而，在同一条件下、与之对应的电车困境中，诱发的积极情绪则对功利主义的决策判断没有影响。Strohminger 等人对正向情绪的作用产生了质疑。他们的研究团队分别使用幽默影片和道德榜样诱发了欢笑（mirth）和高尚（elevation）的积极情绪。该实验结果表明，欢笑情绪和高尚情绪产生了不同的认知结果。欢笑情绪增加了违背道义论的宽容，而高尚情绪则有着相反的效果。与欢笑情绪相比，个体在高尚情绪下会更少地做出功利主义判断（Strohminger et al.，2011）。Strohminger 等人认为是情绪所包含的社会信息而不是情绪效价影响了个体在道德两难困境上的选择。高尚的积极情绪包含着榜样的积极社会功能的引导作用，教导个体遵守道德规范，避免伤害行为，因而更多地做出道义论的决策判断。

此外，研究者们还考察了消极情绪与道德两难决策权衡结果的关系。大量研究表明厌恶是人类道德的核心情感，人们对不道德的行为感到厌恶（Rozin et al., 1999; Pizarro et al., 2011）。那么，厌恶与道德判断之间具有怎样的关系呢？在 Wheatley 和 Haidt 的研究中，高度催眠的实验参与者被给予一个催眠后的暗示，当他们读到某个随意的单词时，就会感到一阵恶心。然后，他们被要求对天桥困境中道德违背的行为进行评分，实验分为两种情况，分别包括或不包括引起厌恶感的字眼。实验结果表明，即使是一闪而过的厌恶情绪也会影响道德判断，处于厌恶情绪下的人们对不道德行为的评价标准更加苛刻和严格，更不能容忍不道德行为（Wheatley & Haidt, 2005）。类似地，Chapman 等人也指出，个体在厌恶情绪下的道德评价更加严格，在道德两难困境中会更多地做出道义论的决策判断（Chapman & Anderson, 2013）。焦虑情绪也同样会影响道德决策，有研究发现处于焦虑情绪下的个体，在涉及个人的道德两难困境中，会更多地做出道义论的决策判断（Perkins et al., 2013）。

四　认知负荷

前文提到，在涉及个人的道德两难困境中，情绪直觉与深思熟虑的认知系统之间存在相互竞争的关系。认知负荷会影响个体在道德两难决策中认知资源的投入，而投入的认知资源则会影响道德两难决策的功利主义的决策判断。Royzman 等人的研究指出，道德两难困境中投入的认知资源与功利主义的决策判断呈正相关（Royzman et al., 2015）。在一项研究中，Conway 和他的合作者通过给被试增加额外的认知负荷干扰其正常的认知推理，使被试在道德两难决策权衡中难以投入更多认知资源，因而导致被试做出了更多的基于情绪直觉的道义论的决策判断。研究者得出认知负荷与功利主义道德判断呈负相关，高认知负荷下的个体在道德两难困境中会更多地做出基于情绪直觉的道义论的决策判断（Conway & Gawronski, 2013）。类似地，Youssef 等人在被试进行道德两难判断过程中施加了时间压力的因素，该实验要求被试快速地进行决策判断。实验结果发现，时间压力的情境干扰了被试的正常的认知推理能力，因此个体更少做出功利主义的决策判断（Youssef et al., 2012）。

第二节　道德两难决策权衡的实验情境性因素

一　框架效应

框架效应（framing effect）是指，选择方案的描述方式的改变会导致个体的选择偏好发生反转，Tversky 和 Kahneman（1981）将这种明显违背期望效用理论不变性原则的现象称之为"框架效应"。框架效应是决策者为理性人假设的一个有力的反例。一个经典的笑话很好地阐明了框架效应的含义。从前，有个吝啬鬼不小心掉进河里，好心人趴在岸边喊道："快把手给我，我把你拉上来！"但这吝啬鬼就是不肯伸出自己的手。好心人开始很纳闷，后来突然醒悟，就冲着快要下沉的吝啬鬼大喊："我把手给你，你快抓住我！"这时，吝啬鬼一下就抓住了这个好心人的手。这个故事表明在逻辑意义上完全一样，但表征形式的不同可能会导致不同的决策结果。

自 Tversky 和 Kahneman（1981）通过经典"亚洲疾病问题"实验对框架效应进行了开创性研究之后，研究者在社会偏好的许多领域中均发现了框架效应的存在（邓颖等，2016）。亚洲疾病问题的实验如下：

情景一：假设美国正在为亚洲即将爆发的一场非比寻常的疾病做准备，该疾病可能会导致 600 多人丧生。如何与这场疾病做斗争有两套方案。经科学评估：

如果实施方案 A，能够挽救 200 人的性命。

如果实施方案 B，有 1/3 的概率挽回 600 人的生命，有 2/3 的概率无法挽救任何人。

对于该情境，有 72% 的人选择方案 A；28% 的人选择方案 B。

情景二：假设美国正在为亚洲即将爆发的一场非比寻常的疾病做准备，该疾病可能会导致 600 多人丧生。如何与这场疾病做斗争有两套方案。经科学评估：

如果实施方案 C，400 人会死亡。

如果实施方案 D，有 1/3 的概率没有人死亡，有 2/3 的概率 600 人都会死亡。

对于该情境，有22%的人选择方案C；78%的人选择方案D。

实质上，情景一和情景二中的选择方案都是一样的，只是改变了一下问题的描述方式而已。但也正是由于这小小的语言形式的改变，使人们的认知参照点发生了改变，由情景一的"收益"心态到情景二的"损失"心态。即是以死亡还是救活作为参照点，使得在第一种情况下被试把救活看作收益，死亡看作损失。不同的参照点人们对待风险的态度是不同的。面临收益时人们会小心翼翼选择风险规避；面临损失时人们甘愿冒风险。因此，在第一种情况下表现为风险规避。第二种情况则倾向于风险寻求。虽然在这种框架下的方案C和D和前述框架下的A和B无论从数字上还是从逻辑意义上来说都是等同的，但在情境二中有78%的回答者变得更愿意冒险了（大于情景一中的28%）；人们变得更愿意赌一赌，而不愿意接受400个生命的丧失。

人们在道德两难困境中的两难决策权衡也受到实验情境性因素的影响，与呈现的表征形式有关。Haidt 和 Baron（1996）发现人们的道德判断受到框架效应的影响。随后的研究也指出，当面对诸如电车困境时，道德判断会受到将问题描述为可能挽救或死亡的人数、造成负面道德后果的行为是作为达到目的的手段还是达到目的的附带效应、是疏忽还是有意为之、理由的多少、能挽救的相对生命数量的多少等影响（Greene et al., 2004；Petrinovich & O'Neill, 1996；Rai & Holyoak, 2010）。梁凤华等（2018）研究了道德判断中的框架效应。该研究选取了600名在校大学生，以亚洲疾病和工厂风波两类经典情境作为实验材料，并设置正面和负面两类属性框架，以研究道德判断中的框架效应。该实验得出以下结论：（1）道德判断中存在框架效应，在正面框架下个体倾向于选择确定性方案，并评价风险性方案更违背道德；在负面框架下倾向于选择风险性方案，并评价确定性方案更违背道德。（2）道德情境中人物选择确定性或风险性方案道德之可谴责性评价与确定性或风险性方案本身之道德违背性评价判断存在不一致性，在正面框架下，若情境中人物选择风险性方案，个体判断其行为更应受到谴责；但在负面框架下，对情境中人物选择确定性方案和风险性方案在道德上应受谴责性评价并无显著差异。（3）道德判断框架效应存在性别差异，负面框架下女性更为风险寻求。

此外，框架效应也会影响人们在最后通牒博弈中公平与效率的权衡。Leliveld等人的研究比较了三种不同呈现条件下的最后通牒博弈中提议者的决策行为。这三种呈现方式分别为"给""分"和"拿"。如图3.3所示，在"给"条件下，筹码放在桌子上靠近提议者的一边；在"分"条件下，筹码放在桌子的中间位置；在"拿"条件下，筹码放在桌子上靠近反应者的一边。在"给"条件下，需要提议者指出给对方多少；在"分"条件下，需要提议者指出分给对方多少；在"拿"条件下，需要提议者指出拿对方多少。实验结果发现，提议者的决策行为受到不同的呈现方式的影响。在"给"条件下，提议者分给对方的筹码最少；在"分"条件下分给对方的数额居中；而在"拿"条件下，提议者分给对方的筹码最多。该研究通过不同的表征形式，使人们对筹码所有权的感知存在差异，诱发了不同的权力意识，进而产生了不同的分配决策（Leliveld et al., 2008）。

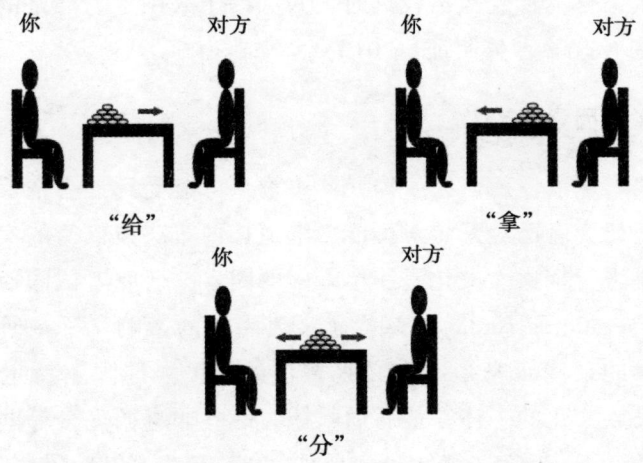

图3.3　三种博弈条件的呈现方式（摘自Leliveld et al., 2008）

二　心理距离

心理距离存在于人类生活的各个方面，从物质存在形式看，体现为时间距离和空间距离；从人文社会特征看，体现为社会距离。钟毅平和陈海洪以心理距离的两种表现形式（时间距离和社会距离）为自变量，探讨了心理距离对道德决策判断的影响（钟毅平、陈海洪，2013）。该研究采用两因素完全被试间的实验设计。120名大学生参加了该实验，自编道德评价问卷。实验结果发现，时间距离远近和社会距离不同对道德行为评价的影响存在显著性差异。

社会距离（social distance）是指个体之间、群体之间、个体与群体之间因亲近或疏远程度不同表现的不同空间距离。人际相似性越高，人们越倾向于将他人知觉为较近的社会距离；反之，人际相似性越低，则越容易倾向于将他人知觉为较远的社会距离（Stephan，Liberman & Trope，2011）。在一项研究中，孙晓玲和吴明证通过指导语来操纵被试与道德判断任务中的主人公的相似性，从而激活被试不同的社会距离知觉。实验结果发现人们在道德判断中是采用道义论的标准还是倾向于功利主义的标准，与人们对行为主体的社会距离知觉有关。具体来说，当人们与行为主体的社会距离较近时（行为主体是自己或是自己所属群体中的一员），人们倾向于采用相对宽松的功利主义的道德判断；但是当人们与行为主体的社会距离较远时，人们易于采用更为严格的道义论的道德判断（孙晓玲、吴明证，2013）。

三　文化因素

道德两难决策权衡作为一种社会决策，可能受到社会情境等多种因素的影响。研究者已经开始对可能影响道德两难决策权衡的实验因素及其神经基础进行探索。文化是一个有趣的因素，研究者试图通过跨文化研究（cross-cultural studies）来揭示文化因素的影响。一些研究业已指出，心理学的某些研究结论未必是普世的，可能局限于特定的文化背景。不同民族文化的个体在最后通牒博弈中并非遵循完全等同的认知机制，当"输入"相似的条件时，他们可能会"输出"有差异的行为（Henrich et al.，2001；Oosterbeek et al.，2004）。由于东西方人在经验、专长、社会化、思维方式等诸多方面存在广泛的差异，跨文化的比较研究逐渐引起了心理学家和社会学家的重视。

近期的一项研究考察了东西方文化背景的人们在做出捐助决策过程中的文化差异（cultural differences）。在该研究中，中国人对群体受难者比个体受难者给予更多的援助，同时他们面对这些群体受难者时产生了更多的痛苦和同情的情感。而西方人则对具有确定性信息的个体受难者产生了更多的同情和援助的行为决策。该研究指出在理解人们决策行为时，文化差异起着至关重要的作用（Wang, Tang & Wang, 2015）。也有研究指出，在最后通牒博弈中，相比于外群体，当对手和自己同属一个民族时，人们似乎达成某种默契，他们不仅分给同胞更多金额，还很少拒绝同胞的分配（Chuah, Hoffmann, Jones & Williams, 2007）。研究者认为，内群体偏差（in-group bias）和种族偏见（racial bias）可能是导致差异的重要原因（李欧等，2016）。与文化有关的因素会影响人们的决策方式（Chuah et al., 2009）以及对公平的感知（Henrich et al., 2001）。

对于道德两难决策权衡的跨文化相关研究，我们将在第五章中通过案例研究给出更详尽的介绍和阐述。

第三节　道德两难和与道德无关的两难决策权衡对后续任务的影响

Vohs等人的研究发现，决策是资源消耗的，先前的决策活动会影响到接下来的执行控制以及自我控制等一系列的认知活动。例如，当人们做出很多困难或纠结的选择决策后，就会导致后续的自我控制相关成绩的衰减（例如：很难在其后的数学问题上有持续好的表现）（Vohs et al., 2008）。研究者们认为，做决策之所以会产生这样的效应，是因为人们进行斟酌考虑并做出选择决策时会征占大脑前额区的相关资源，而完成自我调节任务也是与前额区这一脑区密切相关的。研究者认为人脑的资源是有限的，许多自我活动依赖于一个公共的资源，就像能量和力气一样，是有限的并且很容易被消耗，而做决策的行为可能会消耗执行控制的相关资源，而导致剩下的资源在其他活动中变得不那么有效（Vohs & Heatherton, 2000）。以往的研究通过对正常人和脑区受损病人都发现了涉及个人类型的道德两难决策和不涉及道德相关内容的两难决策存在着差异，那么这种差异是否也会体现在大脑资源的消耗上呢？是否会对后续的执行控制或者是其他决策任务产生潜在的影响呢？是否从认知行为学实验的角度就可以揭示出道德两难决策和与道德无关的两难决策之间的差异呢？本章节通过两个案例研究对此进行了详尽的阐述。

实证研究案例一从认知行为学实验的角度探讨了涉及个人类型的道德两难决策与不涉及道德的两难决策之间的差异。主要考察这两种不同类型的决策对后续任务的差异性影响。根据 Vohs 等人的报道（Vohs et al.，2008），我们知道，由于决策往往涉及对备择的方案进行比较和评估，并在其间做出选择决策，会占用一定的认知资源，因而做出选择决策是困难并且消耗的，会损耗自我控制的相关资源。那么涉及个人类型的道德两难决策与不涉及道德的两难决策对执行控制资源的损耗是否相同呢？通过执行控制任务就可以直接考察这两种不同的决策任务对资源的消耗。案例一的研究采用多源冲突任务（Multi-Source Interference Task，MSIT），该任务融合了 Flanker 冲突、Stroop 冲突和 Simon 冲突，被证明是一种研究人们执行控制能力的有效工具（Bush et al.，2003；Bush & Shin，2006）。该任务的实验刺激可分为控制条件和冲突条件两种，存在任务难度的梯度，可以很好地考察被试完成不同类型的决策任务后执行控制成绩的差异，而且可以从任务难度的梯度来检验涉及个人类型的道德两难决策与不涉及道德的两难决策对执行控制资源的消耗程度。另外，由于涉及个人的道德两难决策更多地涉及伤害他人的行为，往往会引起负向的社会情绪反应。案例一的实证研究采用心境状态量表（Profile of Mood States，POMS）（Shacham，1983），来测量完成不同类型的决策任务后被试的情绪状态，排除了情绪状态的因素对后续执行控制任务成绩的影响。

同样地，决策行为损耗执行资源，那么也就是说，决策行为需要执行资源。如果涉及个人类型的道德两难决策与不涉及道德的两难决策对执行资源的损耗是不同的，而后续的决策行为受到资源损耗的影响，资源损耗的不同就会导致后续决策任务成绩的差异。大脑资源的过度损耗容易导致人们做出冲动的不利选择。案例二的实证研究通过爱荷华博弈任务（Iowa Gambling Task，IGT）（Bechara et al.，1994）考察了完成不同类型的决策任务后人们风险决策能力的差异。另外，由于人们的风险决策行为可能受到被试本身风险偏好的影响，案例二的研究借助

Zuckerman-Kuhlman 人格问卷（Zuckerman et al., 1993; Wang et al., 2002; Wu et al., 2000）对被试的冲动感觉偏好等个性心理进行评估，排除被试个体差异的影响。

从行为学实验的角度出发，案例一和案例二的实证研究分别考察了涉及个人的道德两难决策任务与不涉及道德的两难决策任务对后续的多源冲突任务和爱荷华博弈任务的影响。表明了涉及个人类型的道德两难任务更多地消耗了用于执行控制和风险决策的相关资源，更多地影响了后续的多源冲突任务和爱荷华博弈任务的成绩表现。

一 实证案例（一）道德两难决策影响其后执行控制的研究

（一）引言

决策是与人类社会生活紧密相关的重要方面。决策，尤其是道德决策一直是哲学争辩的话题（Young & Koenigs, 2007）。近年来，对道德两难决策的研究逐渐成为认知神经科学的热点。通过经典两难困境的道德决策任务，研究者阐明了人们在道德两难决策权衡过程中，认知因素和情感因素是并存的，二者都起到了非常重要并且是交互竞争的作用（Greene et al., 2004）。

相比与道德无关的两难决策（Non-moral）的语义，涉及个人类型的道德两难情境（Moral-personal）通常涉及对他人严重的身体伤害甚至对他人的生命造成了威胁，而对这种伤害他人行为的考虑往往会引起强烈的社会情绪反应。例如，一个涉及个人的道德两难决策情境的问题就是：当敌人来搜查时，为了救自己和乡亲的性命，是否要捂死自己正在啼哭的孩子？当考虑这种涉及个人类型的道德两难情境时，像中前额区、杏仁核这样情绪相关的脑区表现出更高的激活水平。而与道德无关的两难问题顾名思义就是不涉及道德相关的内容。例如，为了如期参加会议是选择乘坐火车还是乘坐汽车前往会议地点？研究者发现，当人们考虑与道德无关的两难情境时，更多地激活了像背外侧前额区和顶下回这样的与认知推理和工作记忆相关的脑区（Greene et al., 2001）。经典的道德两难决策问题区别于与道德无关的两难问题主要在于两个方面：(1) 在道德两难决策中，决策者通常面临一个非常严峻的形势（例如：涉及生死的情形）；(2) 在道德两难决策中，决策者不得不在两个或更多个看起来平等或残酷的结果间做出选择决策。此外，无论做出哪个决策对于道德两难决策来说都没有明确的正确和错误之分，也没有明确的指南或是公式算法可以去遵循，在大多数情况下也没有任何规律告诉决策者哪一种决策结果会优于其他的决策结果。

研究者认为，在高冲突的涉及个人类型的道德两难决策权衡过程中，决策者面临着功利主义和非功利主义（道义论）的冲突，做出功利主义的决策起源于基于背外侧前额区的认知控制机制，而非功利主义的决策起源于依赖中前额区的情绪反应（Moll et al., 2003）。因此，总的来说，涉及个人类型的道德两难决策情境诱发了"热"的情绪反应和"冷"的认知控制之间的竞争（Moore, Clark & Kane, 2008）。

Koenigs 和他的合作者们对于脑区受损病人的研究同样支持以上的结论（Koenigs et al., 2007）。他们的研究发现，在判断与道德无关的两难情境时，正常人和腹中前额区脑区受损患者并没有表现出明显的差异；但是当面临涉及个人的道德两难决策情境时，相比正常人，腹中前额区脑区受损的患者更加偏爱功利主义的选择决策。而腹中前额区这一脑区往往与内疚、移情等亲社会情感有关，该区域的受损会导致人们移情等亲社会情感的缺失，因而在道义论的"热"的情绪反应和功利主义的"冷"的认知控制的竞争中，会选择功利主义决策。

选择决策是一个复杂的过程，涉及理性和情绪的相关功能（Paulus & Frank, 2003）。对可选项进行考虑权衡，并在它们其中做出选择决策是一件有意义并且需要花费努力的事情。美国明尼苏达州大学心理学家 Vohs 等人提出决策是困难并且消耗的（Vohs, 2006）。基于一系列的实证研究，Vohs 和她的合作者们提出，做决策会导致自我控制相关资源的减少，损害后续自我控制相关任务的成绩表现（Vohs, 2006；Vohs et al., 2008）。该研究把参加实验的被试随机分成两组，一组人仅对可选项进行考虑评价（例如，评价哪种颜色的袜子更好看），另一组人需要在其中做出选择决策（例如，选择购买哪种颜色的袜子）。接下来考察两组人在后续的自我控制任务中的差异。例如，让被试喝一种口味较差但对健康无害的饮料，喝得越多其任务表现越好；或者是考察被试把胳膊放在冰冷的水中所坚持的时间，时间越长代表其成绩越好等。该研究结果发现，相比仅仅对可选项进行评价的被试，那些在可选项中做出选择决策的被试在接下来自我控制的任务中表现得更差（Vohs & Heatherton，2000）。

一些研究也同样指出，许多的自我相关资源依赖于一个公共的资源，就像能量和力气一样，是有限的并且容易被消耗的（Baumeister et al.，1998；Baumeister，2002；Muraven & Baumeister，2000）。当这一资源被起初的行为消耗后，接下来的行为也许就会受到该资源减少而不足的影响（Muraven，Tice & Baumeister，1998）。例如，完成一项自我调整的行为也许就会削弱接下来的（也许表面看起来并不相关）自我控制的行为表现（Baumeister et al.，1998）。其他的相关研究也指出自我资源的损耗也许会导致节食者节食失败（Vohs & Heatherton，2000），智力问题上差的成绩表现（Schmeichel，Vohs & Baumeister，2003），冲动地过度消费（Vohs & Faber，2007）等问题。研究者认为，做出决策和进行自我控制基于一个公共的并且是有限的资源，完成其中任意一项都可能会暂时地削弱另一项的表现（Baumeister，Schmeichel & Vohs，2007）。类似地，Vohs 也提出决策行为消耗自我控制和积极反应的同一资源（Vohs et al.，2008）。

执行控制的资源同样是有限并且是容易消耗的（Schmeichel，2007）。执行控制相关的努力会减少执行资源，而执行资源的减少会削弱接下来发生的有关执行控制方面的努力。执行控制是执行功能的核心成分，而执行功能为高水平的行为控制服务（Perner & Lang，1999）。执行功能与改变心理定式、监控和更新工作记忆的表征，以及抑制优势反应有关（Miyake et al.，2000）。自我执行功能是自我的重要方面，是执行控制和做出决策的内在代理（Baumeister，Schmeichel & Vohs，2007）。因而，执行控制也许和做决策分享同一有限的资源。我们有理由认为完成决策相关的任务也许会影响和削弱接下来的执行控制行为。

许多研究执行控制的实验范式都包含抑制控制。Stroop 任务、Simon 任务、Eriksen Flanker 任务是三个比较经典的用于研究优势反应抑制的任务（Ridderinkhof et al.，2004；王艳等，2008）。Stroop 任务是以其发明者的姓氏来命名的，主要用于考察人们对于冲突的反应。Stroop 任务通常体现为刺激特征维度间的冲突，比如颜色词的词义与字体颜色的冲突（color-word Stroop）或者是刺激的意义与刺激空间方位的冲突（spatial Stroop）（Stroop，1992；Liu et al.，2004）。在经典的 Stroop 任务中，呈现给被试的颜色词的词义与颜色词的字体颜色是不一致的。例如，刺激为用蓝色印刷的"红"这个字或用红色印刷的"绿"这个字。实验要求被试命名颜色词的印刷色，忽视颜色词的词义。研究结果表明，当颜色词的印刷颜色与颜色词的意义不一致时，被试的反应要慢一些，正确率也更低。在颜色词 Stroop 任务中，颜色词的词义为干扰因素，被试需要抑制基于词义的优势反应来命名字体的颜色。同样地，在空间 Stroop 任务中，被试需要克服刺激意义与刺激空间方位的冲突。例如，研究表明，被试判断位于屏幕下方朝向向上的箭头朝向时比判断位于屏幕下方朝向向下的箭头朝向要困难一些。Simon 效应主要体现了空间冲突，反映了空间信息对人们反应选择的影响。Simon 任务主要表现为刺激目标位置和反应方位之间的冲突（Simon & Berbaum，1990）。例如，当被试需要按右侧的反应键对位于屏幕左侧的刺激进行反应时，相比于按左侧的反应键对位于屏幕左侧的刺激进行反应时，成绩更差，表现为正确率更低，所需反应时间更长（Koch，2007；Proctor et al.，2005）。Eriksen Flanker 任务主要表现为靶刺激受旁侧空间干扰物的影响，也体现了空间冲突。Eriksen Flanker 任务要求被试忽视旁侧干扰物对中央靶刺激的影响来对靶刺激进行反应（Eriksen & Eriksen，1974）。研究表明，当旁侧的干扰物与中央靶刺激方向一致比不一致的情况，被试的反应更快，正确率也更高（Fan et al.，2005）。这三种类型的任务都是研究人们反应抑制的有效方法（Verbruggen et al.，2005）。

　　综上，先前的决策任务很可能会影响到人们在接下来自我控制任务中的表现。然而，目前对于完成不同难度（冲突）的决策任务之后的执行控制表现是否存在差异的研究还比较少。本案例的实验研究试图去考察不同的难度（冲突）等级的决策任务（涉及个人的道德两难决策任务 vs. 与道德无关的两难决策任务）是否会对接下来的执行控制表现产生不同的影响。本案例实验对于执行控制的考察，采用 Bush 等人开发的多源冲突任务（the Multi-Source Interference Task，MSIT）（Bush et al.，2003；Bush & Shin，2006），该任务融合了 Stroop 冲突（Stroop，1992；Liu et al.，2004）、Simon 冲突（Simon & Berbaum，1990）和

Eriksen Flanker 冲突（Eriksen & Eriksen, 1974；Fan et al., 2005），有效地提高了认知冲突的难度，是评价执行控制的有效工具。本实验研究预期，起先完成涉及个人的道德两难决策任务的被试会比起先完成与道德无关两难决策任务的被试，在后续的多源冲突任务中有更差的成绩表现。

（二）实验方法

1. 被试

40名大连理工大学在校大学生/研究生参加了本实验研究。其中，男26名，女14名，平均年龄24.7岁（22—28岁）。所有被试的视力或矫正视力正常，无弱视、斜视等问题，身体健康无心理疾病，均为右利手。所有被试未参加过类似实验，事后得到一定的报酬。

2. 刺激和程序

被试被随机分配到涉及个人的道德两难决策组和与道德无关的两难决策组。每组有20人，两组被试的性别年龄匹配。所有被试都是单独进行测试。其中，道德两难决策组的被试完成20个涉及个人类型的道德两难决策任务，与道德无关的两难决策组的被试完成20个与道德无关的两难决策任务。决策的实验材料基于 Greene 和 Koenigs 等人的研究材料翻译为汉语所得（Greene et al., 2001；Greene et al., 2004；Koenigs et al., 2007）。决策实验的刺激通过 E-prime 软件（1.1版本）生成和控制。每一个决策情境分三屏呈现在电脑屏幕上，前两屏描述一个情境，给出背景相关信息，第三屏向被试提问在这一情境中的某一行为是否是合理的。被试按照自己的速度阅读，按键从第一屏进入第二屏，再由第二屏进入第三屏。阅读完第三屏后，被试通过按一个双键的反应盒来判断某一动作是否合适。被试按键反应后，出现持续1s的白屏，接下来出现下一个两难决策任务。为了使被试熟悉实验操作，每组被试都完成两组练习的两难决策任务。

完成决策任务后，被试接着填写了心境状态量表（Profile of Mood States, POMS）（Shacham, 1983）。本实验主要应用该量表来测量和评价被试的情绪状态，排除两组间被试情绪状态的差异影响。该量表包括愤怒（angry）、沮丧（depressed）、疲劳（fatigued）、紧张（nervous）、活力（vigorous）、困惑（confused）这六个维度。

接下来，完成不同类型决策任务后的两组被试都进行了多源冲突任务（Bush et al.，2003）的测试。如图3.4所示，多源冲突任务的实验刺激分为控制和冲突两种类型。对于控制类型的刺激，干扰物总是大写字母X，而靶刺激数字的物理大小总是大的（与干扰物X相比），且靶刺激数字与它们在反应键上的位置一致（例如，数字1出现在反应键的最左端第一个位置）。对于冲突类型的刺激，干扰物是其他数字（1、2或者3），而靶刺激数字可能是大的或者小的，且总是与数字本身在反应键上的位置不一致（例如，数字1出现在反应键的第二个或第三个位置）。

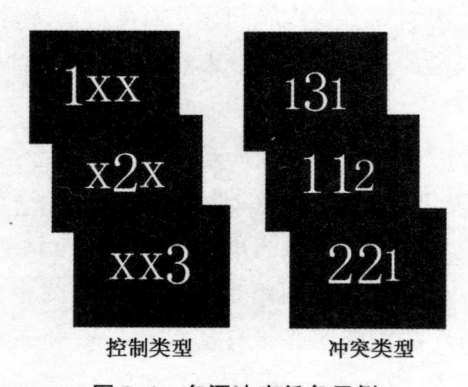

图3.4 多源冲突任务示例

多源冲突任务的实验刺激通过E-prime软件（1.1版本）生成和控制。每个被试都在安静的房间内单独进行测试。在实验中，要求被试端坐在电脑屏幕前，将右手的食指、中指和无名指分别放在小键盘的数字键（1、2和3）上进行反应。实验刺激由数字1、2、3或者字母X组成，出现在屏幕的正中央，实验刺激呈现的持续时间为1750ms，并且其中总是有一个数字与其他两项（字母或者数字）不同。被试被要求通过按键来指出位于屏幕中央的三项中不同于其他两项的数字，该数字为靶刺激，靶刺激是哪个数字就按反应键上的哪个数字，而不需要考虑靶刺激的位置。被试按键反应后，随即出现下一个实验刺激。整个实验分为练习部分和正式实验部分。练习部分有30个试次（3种控制类型的刺激各重复两次加上24个冲突类型的试次）。正式实验分为3个小节，每个小节有192个试次，实验共有576个试次。被试在实验小节之间可以自愿选择休息，而在实验中则必须保持专注。实验刺激是伪随机排列的。整个多源冲突的实验任务大约持续 20 分钟。所有的被试都明确了实验任务的要求，并按要求完成了相应的练习任务，练习任务的正确率达到 80% 以上，表明被试已理解了实验操作，方可进入正式实验部分。对于所有的实验试次，被试都被要求认真地完成实验任务，并且在能确保正确的前提下尽可能快地做出反应。

最后，所有实验结束，实验的主试对参与实验的被试所付出的时间和努力表示感谢，并付给被试相应的实验酬金。

（三）实验结果

对于与道德无关的两难决策组和涉及个人的道德两难决策组，独立样本 T 检验的结果显示，两组被试的性别和年龄没有显著差异。在完成决策任务时，尽管完成涉及个人的道德两难任务比完成与道德无关的两难决策任务所花费的时间更长，但是独立样本 T 检验显示，两组人完成不同类型的决策任务的时间没有显著差异（$p > 0.05$）。

在决策任务之后，被试填写了心境状态量表来进行对情绪的评定。独立样本 T 检验的结果显示，心境状态量表的六个维度在两组间都没有显著的差异（$p > 0.05$）。即完成涉及个人的道德两难任务与完成不涉及道德的两难决策任务后，两组人报告了相似的情绪状态。

表 3-1 两组被试的正确率和反应时比较

刺激类型	刺激位置	反应时（ms） Non-Moral	反应时（ms） Moral	正确率（%） Non-Moral	正确率（%） Moral
控制	位置 1	655.77±65.15	670.43±76.61	99.55±1.23	98.80±1.40
控制	位置 2	679.74±76.02	705.06±94.19	99.15±1.57	98.10±2.34
控制	位置 3	694.92±73.80	705.84±78.34	98.90±1.62	98.35±1.73
冲突	位置 1	844.63±95.25	885.68±88.25	94.90±4.75	93.75±4.68
冲突	位置 2	820.32±98.09	854.08±101.67	95.70±3.79	90.50±6.92
冲突	位置 3	840.40±80.68	863.82±96.97	97.35±2.23	94.30±4.52

接下来，对多源冲突任务的正确率和反应时进行皮尔森相关分析（Pearson correlation analysis），结果显示二者呈现显著负相关，$r = -0.492, p < 0.01$，因而本实验不存在速度与正确率之间的权衡。如

表 3-1所示，无论是涉及个人的道德两难决策组还是与道德无关的两难决策组，在多源冲突任务的冲突条件下都比控制条件下的正确率更低，反应时间更长。也就是说，所有被试在控制条件下的表现比在冲突条件下的表现更好。比较完成不同决策任务后的两组被试的反应，结果发现完成涉及个人的道德两难任务的被试比完成与道德无关两难决策任务的被试，在接下来多源冲突任务中的反应时间更长，正确率更低。

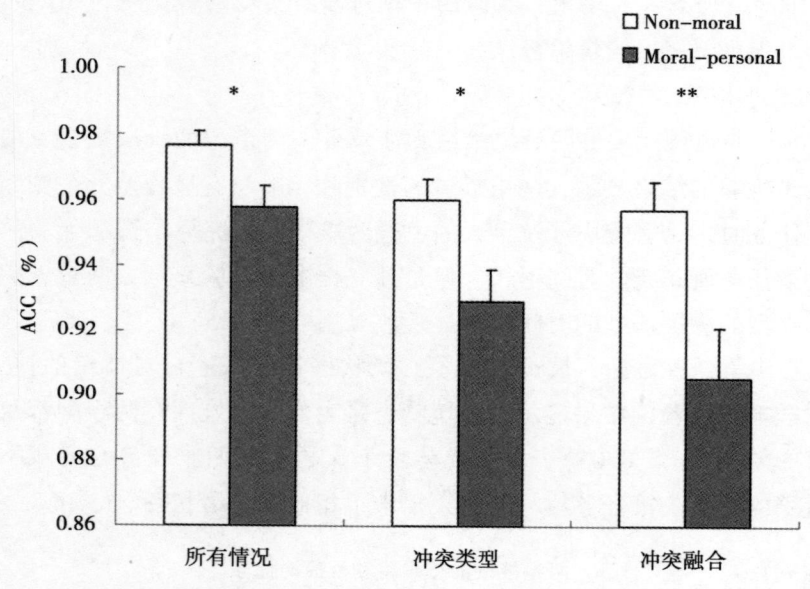

图 3.5　完成两种不同决策任务后组间 MSIT 正确率的差异

接下来，分别对多源冲突任务的正确率和反应时的数据进行统计分析。对于实验的总正确率（包括控制类型的刺激和冲突类型的刺激），完成与道德无关两难决策任务的被试都比完成涉及个人的道德两难决策的被试总正确率更高，$t(38) = 2.433$，$p = 0.020$，$d = 0.77$。进一步的分析表明，在冲突类型刺激的条件下，完成与道德无关决策任务的被试都比完成涉及个人的道德两难决策任务的被试正确率更高，$t(38) = 2.651$，$p = 0.012$，$d = 0.84$。而在控制类型刺激的条件下，完成不同决策任务的两组被试间正确率的差异没有达到显著水平。更重要的是，对于冲突条件靶刺激位于第二个位置时（即 Stroop、Simon 和 Eriksen Flanker 三种类型冲突融合的情况），完成不同决策任务的两组间的差异加大，完成涉及个人的道德两难决策任务的被试比完成与道德无关决策任务的被试表现更差，$t(38) = 2.947$，$p = 0.006$，$d = 0.939$（参见图3.5）。对多源冲突任务反应时数据的分析结果显示，涉及个人的道德两难决策组和与道德无关的两难决策组组间的差异没有达到显著水平。

接下来，对多源冲突任务的正确率数据进行进一步的分析。重复测量方差分析的结果显示实验刺激类型的主效应是显著的，$F(1, 38) = 90.334$，$p < 0.001$，$\eta_p^2 = 0.704$，冲突条件下的正确率显著低于控制条件下的正确率。刺激类型与组别的交互作用也是显著的，$F(1, 38) = 6.466$，$p = 0.015$，$\eta_p^2 = 0.145$。进一步分析表明，在冲突的刺激类型下，完成不同决策任务的两组的差异更加显著，完成与道德无关两难决策任务的被试比完成涉及个人类型的道德两难决策任务的被试正确率更高。此外，靶刺激位置的主效应也是显著的，$F(2, 76) = 6.275$，$p = 0.007$，$\eta_p^2 = 0.142$，当靶刺激位于第二个位置（中间位置）时，是三个位置中最难的情况。而靶刺激位置与被试组别的交互作用也是显著的，$F(2, 76) = 3.941$，$p = 0.037$，$\eta_p^2 = 0.094$，进一步的分析揭示，当靶刺激位于第二个位置时，完成涉及个人类型的道德两难决策任务的被试比完成与道德无关两难决策任务的被试表现更差。刺激类型和靶刺激位置之间的交互作用也是显著的，$F(2, 76) = 5.459$，$p = 0.010$，$\eta_p^2 = 0.126$。如图3.6所示，对于两组完成不同决策任务的所有被试，冲突条件下靶刺激位于第二个位置是所有刺激中最难（正确率最低）的情况。对于靶刺激大小，没有发现显著的主效应以及两组被试间的组间差异。

(四) 讨论

当前的研究主要比较了完成涉及个人的道德两难决策任务与完成不涉及道德的两难决策任务后，两组人在接下来的多源冲突任务中成绩表现的差异。实验结果显示，尽管完成一系列相同数量的决策任务，相比完成与道德无关的两难决策任务的被试，完成涉及个人的道德两难决策任务的被试在后续的多源冲突任务中表现更差。对多源冲突任务结果的进一步的分析显示，对于相对简单的控制类型的刺激，两组被试间没有显著的差异；但在相对困难的冲突类型的刺激条件下，完成涉及个人的

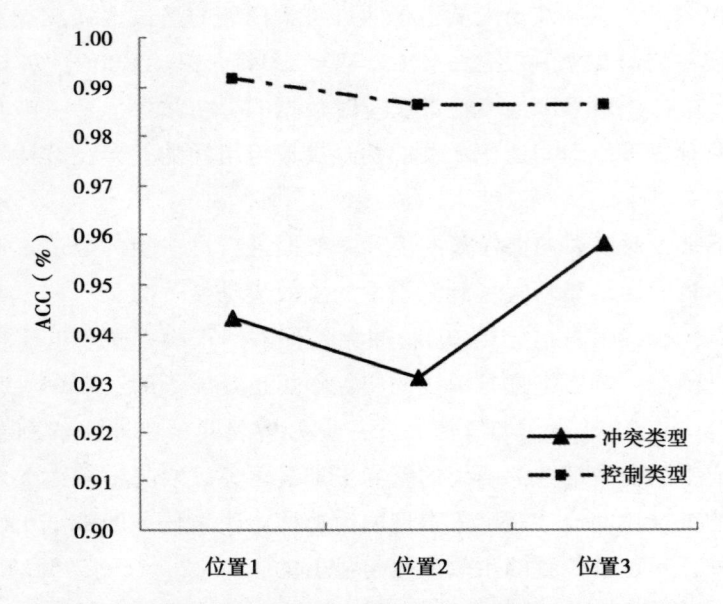

图 3.6　靶刺激位于三种不同位置情况下多源冲突任务的正确率

道德两难决策任务的被试比完成与道德无关两难决策任务的被试正确率显著更低；而对于所有类型中最难的冲突融合（Eriksen Flanker、Simon 和 Stroop 三种类型冲突都存在的情况）的条件，完成涉及个人的道德两难决策任务的被试和完成与道德无关两难决策任务的被试之间的差异加大，完成涉及个人的道德两难决策任务的被试表现更差。

　　对于考察完成不同决策任务后被试心境状态的量表，结果显示完成涉及个人的道德两难决策任务的被试与完成不涉及道德的两难决策任务的被试之间没有显著的差异，两组人报告了相似的情绪状态。因此，后续的多源冲突任务成绩的差异并不是由被试的情绪状态的差异造成的（Vohs et al., 2008）。此外，两组被试花费在两个不同决策任务中的总时间也没有显著的差异。

　　本研究认为是起先不同类型的决策任务造成了后续的执行控制任务的不同结果。相比与道德无关的两难决策任务，涉及个人的道德两难决策任务的情境更多地涉及伤害他人的行为，这会产生很强的社会情绪反应。在涉及个人的道德两难决策任务中，判断某一行为是否合适，往往会产生情绪和认知之间的冲突和竞争（Greene et al., 2004；Moll & de

Oliveira-Souza，2007）。在竞争的情况下，被试需要克服一种情绪反应，而用另外一种反应替代，而这种间断和启动过程则是需要能量的。相对于与道德无关的两难决策任务，涉及个人的道德两难决策任务更加困难并且需要消耗更多的努力。最近的研究也指出，任务的难度会影响到接下来任务中可用的执行功能的容量，任务的难度越大则消耗越多（Schmeichel，2007）。我们有理由认为某些选择决策会比其他的选择决策难度更大且消耗更多（Vohs et al.，2008）。因此，相对于与道德无关的两难决策任务，涉及个人类型的道德两难决策任务很有可能会征用和消耗更多的资源，进而导致了接下来考察执行控制的任务中更差的成绩表现。

做出决策会消耗自我调整的相关资源（Vohs，2006），而自我调整被定义为试图改变想法的任何努力（Metcalfe & Mischel，1999），该概念与执行控制的广义概念在一定意义上是重合的。一项最近的研究也指出，某些经过深思熟虑后的选择决策被更多的努力相关的加工监控，也可以称作执行控制（Pocheptsova et al.，2009）。此外，研究者认为执行控制加工依赖于一个有限的且可消耗的资源，完成任意一个困难的或者需要消耗努力的任务，即使看起来与执行控制不相关，也会消耗其容量，削弱接下来与执行控制相关的努力（Schmeichel，2007）。因此可以推断先前的决策任务将会减少执行控制资源，削弱接下来执行控制的成绩表现。

执行控制是人类的高级认知活动（周晓林，2004）。包含冲突的任务范式是研究执行控制的有效工具（Raz & Buhle，2006）。多源冲突任务就是研究正常人认知以及精神病理生理学的一个有效的任务范式（Bush et al.，2003）。在当前的多源冲突任务中，完成冲突类型的刺激比完成控制类型的刺激要困难得多。并且在冲突条件下，当靶刺激位于第二个位置时更是如此，是所有情况中最难的。这是因为当靶刺激位于中间位置时，两边都有干扰数字，这构成了 Eriksen Flanker 冲突（Verbruggen et al.，2005）；而靶刺激数字与靶刺激本身所在位置代表的数字不一致，反映了 Stroop 冲突（Liu et al.，2004）；同时靶刺激数字的位置与正确反应的方位存在冲突，空间的不一致性又反映了 Simon 冲突（O'Leary & Barber，1994）。换句话说，冲突条件下的靶刺激数字位于在第二个位置时同时包含了 Stroop 冲突、Simon 冲突 和 Eriksen Flanker 冲突。相应地，实验结果显示，在这一情况下实验的正确率也是所有情况中最低的。并且多源冲突任务的实验结果发现，在任务越难的情况下，先前完成涉及个人的道德两难决策任务的被试与完成不涉及道德的两难决策任务的被试组间差异就越大，相应地，相比与道德无关的两难决策任务组的表现，涉及个人的道德两难决策组的表现更差。Muraven 和 Baumeister 的研究表明，需要更多自我控制相关资源的任务比需要较少自我控制资源的任务更容易受到资源消耗的影响（Muraven & Baumeister, 2000），相应地，困难的任务也许会更容易受到因资源消耗而导致的资源不足所带来的影响。完成先前的决策任务消耗了用于执行控制的有限资源，而由于两种类型的决策任务难度冲突等级不同，导致这种消耗并不相同。而资源的不足在后续的多源冲突任务中冲突融合情况下体现得更加明显，导致两组被试的差异加大，完成涉及个人的道德两难决策任务的被试比完成与道德无关两难决策任务的被试表现得更差。

（五）结论

案例一的实证研究考察涉及个人类型的道德两难决策和不涉及道德的两难决策对其后执行控制成绩影响的行为学实验。该研究比较了被试完成涉及个人类型的道德两难决策和不涉及道德的两难决策后，执行控制成绩的差异。执行控制成绩通过 Bush 等人（Bush et al., 2003; Bush & Shin, 2006）开发的多源冲突任务来考察，主要比较了完成不同的决策任务后，两组人在多源冲突任务中成绩的差异。并采用心境状态量表测量被试的情绪状态，排除两组被试情绪状态差异的影响。实验结果发现，完成涉及个人类型的道德两难决策任务后，被试的多源冲突任务成绩显著低于完成与道德无关两难决策任务的被试，且多源冲突任务难度越大时，两组人的差异越显著。完成涉及个人的道德两难决策任务的被试比完成与道德无关的两难决策被试表现得更差，这也许是由于涉及个人的道德两难决策任务消耗了更多的执行控制相关资源。

该研究主要比较了完成两种不同类型的两难决策任务（涉及个人的道德两难决策 vs. 与道德无关的两难决策）后执行控制成绩的差异。表明了与不涉及道德的两难决策相比，涉及个人类型的道德两难决策更多地消耗了执行控制相关的资源。涉及个人类型的道德两难决策比不涉及道德的两难决策更多地损害了其后执行控制任务的表现。该研究有助于进一步加深我们对涉及个人的道德两难决策与普通的不涉及道德的两难决策之间差异的理解。同时，该研究对于解释人们现实生活中的一些道德两难决策相关的现象也具有一定的价值。

二　实证案例（二）道德两难决策影响其后风险决策的研究

（一）引言

决策，是指做出选择或决定，是人类社会生活的重要组成部分，人类的一切行为活动都可以说是决策的结果，因而决策是社会学、心理学和神经科学等诸多领域研究的热点问题。近年来，研究者通过多种实验任务对人们的风险决策行为进行了广泛考察，其中，爱荷华博弈任务（Iowa Gambling Task，IGT）（Bechara et al.，1994）是研究者广泛采用的范式之一。该任务包含报偿、惩罚、风险以及结果的不确定性。许多研究表明它是一种非常有效的评价工具。

在经典的爱荷华博弈任务中，共有 100 次的选牌机会。被试每次需要在呈现屏幕上的四张牌中进行选择，而每张牌都包括了金钱上的奖励和惩罚。实验要求被试在该任务中尽可能地多赢钱，少输钱。从长远来看，在爱荷华博弈任务中，纸牌 A 和纸牌 B 为风险大的不利选牌，而纸牌 C 和纸牌 D 是保守的有利选牌。在实验中，被试并不被告之哪些纸牌是更具有优势的。通过爱荷华博弈任务，Bechara 等人的研究结果发现，腹内侧前额叶皮质受损的病人在注意力、记忆等方面的认知能力正常，但是在该风险决策任务中却不能对相对安全的扑克牌产生选择偏好，而往往选择了高风险（即高奖励高惩罚）的不利纸牌。相比正常人，腹内侧前额叶皮质受损患者更倾向于追求冒险的选择，更容易做出有利于短期而不是长期行为结果的冲动决策，表现出相应的障碍（Bechara et al.，1997）。皮肤电的结果也显示：腹内侧前额叶皮质受损患者在体验损失的时候，会表现出正常的皮肤电反应，但是对于风险性的选择决策（虽然没有确定危机但很可能会导致危机的决策），却不能像正常人一样产生预期的皮肤电反应。Damasio 认为尽管腹内侧前额叶皮质受损患者有正常的智力水平，但是他们在判断和决策能力方面表现出异常，这是因为腹内侧前额叶皮质受损患者基于情感的学习系统出现了问题，不能为风险性的决策可能带来的不利后果提供相应的信息（Damasio，1996）。

相似的，Koenigs 和他的合作者们研究发现，在判断与道德无关的两难决策情境时，正常人和腹内侧前额叶皮质受损的患者没有表现出显著的差异；但是当面临涉及个人的道德两难决策情境时，相比正常人，腹内侧前额叶皮质受损患者更加偏爱功利主义的选择决策（Koenigs et al.，2007）。那么涉及个人的道德两难决策与不涉及道德的两难决策有什么差异吗？腹内侧前额叶皮质受损患者何以在面对涉及个人的道德两难问题时表现异常呢？很多学者对此进行了研究。实验结果发现，与不涉及道德的两难决策问题相比，当人们面对涉及个人的道德两难问题时（例如，为了救自己和乡亲的性命，是否要捂死自己啼哭的孩子），激活了更多的情感相关的脑区，而面对不涉及道德的两难决策问题时（例如，为了准时到达开会地点，是选择乘坐火车还是选择乘坐汽车），激活了更多的工作记忆相关的脑区（Greene et al.，2001）。

Greene 等人的研究指出，当人们在考虑涉及个人的道德两难问题时，情绪和认知（或推理）往往共同起作用，涉及个人的道德两难决策情境引起了"热"的情绪反应和"冷"的认知控制之间的竞争（Greene et al.，2004）。例如，在人们面临涉及个人的道德两难决策情境时，功利主义的选择（选择捂死自己的孩子会使大多数人受益，总体利益大于伤害，为功利主义选择）起源于基于背外侧前额区的认知控制；而非功利主义的选择（捂死自己孩子的行为为伤害行为，是不道德的）基于依赖腹内侧前额叶皮质的情绪反应（Moll & de Oliveira-Souza，2007）。Greene 等人研究发现，实验参与者在判断涉及个人的道德两难决策情境时，当认可伤害行为是合适的，他们的反应通常更慢，并且更多地激活了背外侧前额区等执行控制相关的脑区（Greene et al.，2001）。此外，相比与道德无关的两难决策，涉及个人的道德两难决策情境更多地涉及伤害他人相关的内容，而伤害他人的行为决策往往会唤起非常强烈的社会负向情绪的反应（Koenigs et al.，2007），因此，与不涉及道德的两难决策相比，涉及个人的道德两难决策任务更多地涉及了情绪的加工过程。当面临涉及个人的道德两难情境时，腹中前额区皮质受损的患者由于与内疚、移情等情绪相关的脑区受损，亲社会情感衰减缺失，进而导致他们冰冷理智的功利主义的选择决策占了优势。

涉及个人的道德两难决策任务和爱荷华博弈任务同样涉及情感相关的加工，因而腹中前额区皮质受损患者在完成这两种任务时都表现出相应的决策缺陷。也就是说，完成这两种任务所占用和消耗的大脑资源也许是相同或相似的。Muraven 等人研究指出（Muraven, Tice & Baumeister, 1998），当某一资源被起先的一种活动耗竭时，即使后续行为与先前的活动看似不相关，仍旧会妨碍到后续的活动，影响后续活动的成绩表现。一些研究同样指出，大脑的资源是有限的，许多自我活动依赖于一个公共资源，而这一资源就像能量和力气一样，是有限并且容易耗竭的（Baumeister et al., 1998; Baumeister, 2002; Muraven & Baumeister, 2000）。Vohs 等通过一系列的研究证实，选择决策是需要付出努力的，会消耗自我资源，资源的消耗会引起后续任务所需的资源不足，进而会影响到接下来在自我调整任务中的表现（Vohs, 2006）。那么，占用相同或者相似资源的两种决策活动势必会产生竞争，先前的涉及个人类型的道德两难决策任务也许会更多地影响到后续的爱荷华博弈任务中的成绩表现。

相比与道德无关的两难决策任务，涉及个人类型的道德两难决策任务引起了功利主义和道义论之间的冲突，往往需要克服一个优势反应，用另一反应来替代，而完成这一间断和启动的过程无疑是需要能量、消耗资源的。并且这一资源是有限的，该资源的消耗会影响到后续任务中的成绩表现。此外，完成涉及个人类型的道德两难决策任务会比完成不涉及道德的两难决策任务消耗更多的情感相关资源，如果后续的风险决策任务同样需要这一情感相关资源，那么这一资源的不足就会带来相应的决策缺陷。可以预测，完成涉及个人类型的道德两难决策任务的被试会比完成不涉及道德的两难决策任务的被试在后续的爱荷华博弈任务中有更差的成绩表现。

（二）研究方法

1. 被试

40 名来自大连理工大学的在校大学生/研究生参加了本实验，男 28 名，女 12 名，平均年龄是 22.70 岁（22.70±1.14 岁）。被试视力或矫正视力正常，无弱视、斜视问题，所有被试身体健康，无心理疾病。被试均为右利手，未参加过类似实验，事后得到一定的报酬。

2 实验流程

首先，所有被试都填写了Zuckerman-Kuhlman人格问卷。之后，被试被随机分为两组，每组20人，且两组被试的年龄性别匹配。一组被试完成涉及个人类型的道德两难决策任务，另一组被试完成与道德无关的两难决策任务。最后，两组人都完成了爱荷华博弈任务。

3. 实验材料

（1）Zuckerman-Kuhlman人格问卷

为了排除被试间个体差异的影响，本实验采用了王伟等人（Wang et al., 2002; Wu et al., 2000）修订的中文版本的Zuckerman-Kuhlman人格问卷来测量和评估完成不同决策任务的两组被试的人格特性。Zuckerman-Kuhlman人格问卷包括社交性（sociability）、神经质-焦虑（neuroticism-anxiety）、冲动感觉寻求（impulsive sensation seeking）、攻击—敌对性（aggression-hostility）、行动性（activity）这五个维度（Zuckerman et al., 1993）。社交性是指交朋友和参加社交活动的积极程度，社交性得分高的被试愿意选择花更多的时间和朋友相处而不是独处；神经质—焦虑是指情绪不稳定、紧张、焦虑、压抑自己、缺乏自信、犹豫不决等特性；冲动感觉是指做事没有计划，行为冲动，为了新异或兴奋的感觉而采取冒险行为的特质；攻击—敌对性是指性情暴躁、粗鲁无礼、反社会行为倾向等；行动性是指喜欢挑战性的工作和快节奏的生活，不能很好地放松、度过休闲时光的特质。

（2）涉及个人的道德两难决策和不涉及道德的两难决策材料

决策任务的实验材料基于Greene和Koenigs等人的研究材料翻译为汉语所得（Greene et al., 2001; Greene et al., 2004; Koenigs et al., 2007）。其中，一组被试完成了20个不涉及道德的两难决策问题，另一组被试完成了20个涉及个人的道德两难决策问题。两个决策实验的刺激都是通过E-prime软件（1.1版本）生成和控制的。每一个两难决策的问题以文字描述的形式分三屏呈现在电脑屏幕上，前两屏描述语境，最后一屏以提问的形式来询问该语境下的某一行为是否是合适的。在实验中，要求被试端坐在电脑屏幕前，根据自己的速度来阅读，按键由第一屏进入第二屏，再由第二屏进入第三屏。阅读完第三屏之后，被试通过按键来做出选择决策。所有被试都是在安静的环境中单独进行测试。为了使被试熟悉实验任务,每个被试在正式实验前都完成了三个练习的实验试次。被试完全理解实验后进入正式实验。

(3) 爱荷华博弈任务

先前总钱数:1950元
当前总钱数:2000元

纸牌A　　纸牌B　　你赢了50元　　纸牌D
　　　　　　　　你输了 0元

请继续点牌

图 3.7　爱荷华博弈任务示例

爱荷华博弈任务是模拟现实生活中风险决策的一种实验范式(Bechara et al., 1994)。在该实验任务中,会呈现出如图 3.7 所示的四张纸牌,这四张纸牌背面看起来一样,但每一张牌输钱和赢钱的规律是不同的。当被试点击其中一张牌后,就会呈现出赢钱或者是赢钱和输钱的相结合的结果。其中,点击纸牌 A 每次会赢 100 元钱,但是连续 10 次点牌中会有 1 次输 1250 元的可能;点击纸牌 B 每次也会赢 100 元,但是连续点击 10 次中会有 5 次输钱的可能,每次输钱的数目为 150 元、200 元、250 元、300 元和 350 元;点击纸牌 C 每次会赢 50 元,但是连续点击 10 次中有 4 次赢 50 元输 50 元(即不输不赢)的情况;点击纸牌 D 每次也会赢 50 元,但是连续点牌 10 次中会有一次输 250 元的机会。也就是说,从长远来看,纸牌 A 和纸牌 B 为风险大的不利纸牌,选择纸牌 A 和纸牌 B 最终会导致输钱的惩罚;而纸牌 C 和纸牌 D 为相对保守的有利纸牌,选择纸牌 C 和纸牌 D 最终会导致赢钱的奖励。为消除纸牌位置的影响因素,该四张纸牌的位置在不同的被试间随机变化。在爱荷华博弈任务开始前,所有被试都不知道四张纸牌的奖惩情况。

每个被试都是在环境安静的实验室中单独进行实验。在实验前,被试可以就实验相关问题向主试询问。

爱荷华博弈任务的指导语如下：

① 在你面前的电脑屏幕上有四张牌。

② 你需要每次选择其中的一张牌，你可以随意选择。

③ 每次你选择一张牌后，牌的颜色就会发生变化，电脑就会告诉你是否赢钱了。虽然不会告诉你会赢多少，但你自己会找到规律，每次你赢钱，你的总钱数就会增加。

④ 你每一次点牌的时候，电脑可能告诉你赢了钱，也可能输了钱。但不会告诉你什么时候输钱。你也会自己找到规律，每次你赢钱，屏幕上显示的总钱数就会增加；每次你输钱，屏幕上显示的总钱数就会减少。

⑤ 你可以自由地选择任意一张牌。

⑥ 实验的目的是尽可能多的赢钱，如果你发现你不能赢钱，请确保你尽可能地不输钱。

⑦ 实验不会告诉你什么时候停止，你要一直继续直到实验结束。

⑧ 实验先借给你2000元钱作为本钱。最后，你将会看到你赢了多少钱或者输了多少钱。

⑨ 电脑并不会让你随机输钱。你点每张牌都可能输钱，但是某些牌会比其他牌输得更多。如果你想赢的话，尽量远离这些坏牌。

每个被试依次完成了以上实验。所有实验结束后，实验主试向参与实验的被试表示感谢，并付给被试相应的实验酬金。

(三) 实验结果

实验中有3名被试的Zuckerman-Kuhlman人格问卷掩饰维度的得分大于3分，按照该问卷的要求，剔除了这3名被试的数据（Wang et al., 2002; Wu et al., 2000）。最后，19人完成与道德无关的两难决策任务，18人完成涉及个人类型的道德两难决策任务。对Zuckerman-Kuhlman人格问卷的分析结果显示，完成涉及个人的道德两难任务的被试和完成不涉及道德的两难任务的被试在社交、神经质—焦虑、冲动感觉、攻击—敌对性、活泼、掩饰这6个维度的得分均没有显著的差异。并且决策任务的实验结果表明，两组被试花费在不同决策任务上的时间没有显著的差异（$p>0.05$）。

表 3-2　　　　　　完成不同决策任务后的爱荷华博弈成绩

组别	最后钱数（元）	最后得分
Non-moral 组	2252.63	13.95
Moral-personal 组	1816.67	-2.22

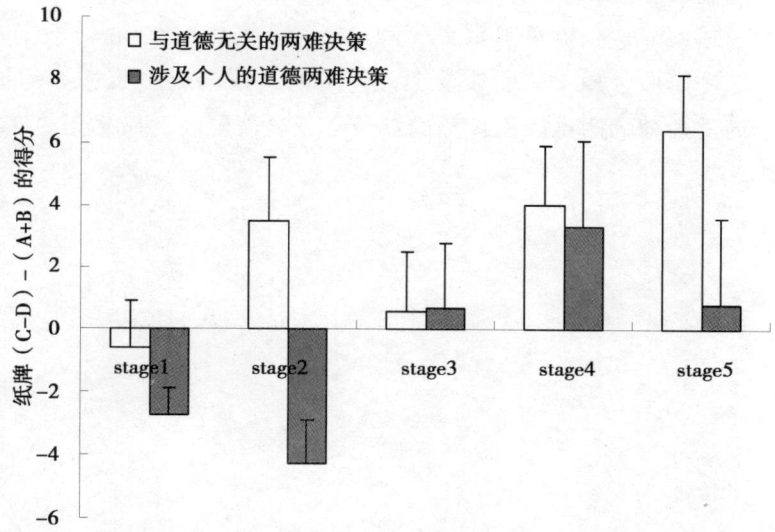

图 3.8　完成不同决策任务后的爱荷华博弈任务中各个阶段得分

如表 3-2 所示，在后续的爱荷华博弈任务中，与道德无关的两难决策组的被试比涉及个人的道德两难决策组的被试赢了更多的钱，并且有利选牌减去不利选牌的得分更高。把被试的 100 次选牌分成五个阶段，每个阶段有 20 次选牌机会。选择有利纸牌 C 或 D 的次数减去选择不利纸牌 A 或 B 的次数记为每个阶段的得分。该得分越高代表被试做出了越多的有利选择。图 3.8 展示了两组被试在五个阶段得分的差异。

皮尔森相关分析（Pearson correlation analysis）的结果表明，爱荷华博弈任务的得分与 Zuckerman-Kuhlman 人格问卷的冲动感觉维度得分显著负相关，$r=-0.355$，$p<0.05$。即被试的冲动感觉倾向越强，越容易在爱荷华博弈任务中做出冲动的不利选择（见图 3.9）。由于爱荷华博弈成绩受到被试本身冲动感觉的影响，因而接下来的分析把被试的冲动感觉得分作为协变量，不同决策任务的类型作为组间因素，被试最后的

钱数和任务得分分别作为因变量进行协方差分析。协方差分析的结果显示，完成与道德无关两难决策任务的被试比完成涉及个人的道德两难决策任务的被试在总赢钱数目、任务得分上差异边缘显著，完成不涉及道德的两难决策任务的被试成绩略好于完成涉及个人的道德两难选择决策任务的被试。分别对五个阶段的得分进行协方差分析，结果表明在第二个选牌阶段（第20到40次选牌阶段），完成不同类型决策任务的两组被试的成绩差异达到极显著水平，$F(1, 34) = 9.134$，$p<0.01$。即在第二个选牌阶段，相比完成涉及个人类型的道德两难决策任务的被试，完成不涉及道德的两难决策任务的被试得分显著更高，做出了更多的有利选择。

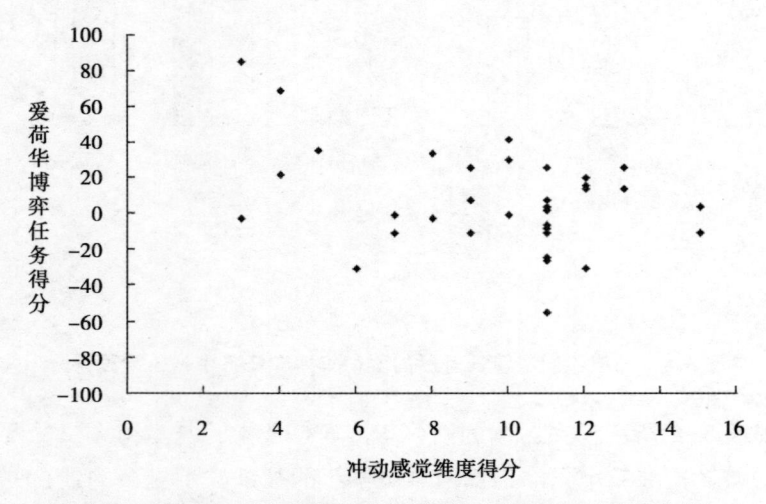

图 3.9 爱荷华博弈任务得分和冲动感觉维度得分的相关性

（四）讨论

本实验研究考察了完成不同类型的决策任务（涉及个人的道德两难决策 vs. 与道德无关的两难决策）后，被试风险决策成绩的差异。实验的结果显示，相比完成与道德无关的两难决策任务的被试，完成涉及个人类型的道德两难决策任务的被试，在后续考察风险决策的任务中有更差的表现。在爱荷华博弈任务的100次选牌过程中，先前完成涉及个人的道德两难决策的被试比先前完成与道德无关的两难决策任务的被试在第二个阶段做出了显著更多的追求风险的不利选择。

风险偏好是指决策者愿意冒险或者是愿意承担风险的倾向,决策者在风险决策判断中往往会受到其自身风险偏好类型的影响(李劲松、王重鸣,1998)。本实验结果表明,Zuckerman-Kuhlman人格问卷中的冲动感觉维度的得分与爱荷华博弈任务的得分显著负相关,即被试本身的冲动感觉倾向会影响被试做出相对更多的偏好风险的选择。此外,参与不同类型决策任务的两组被试在Zuckerman-Kuhlman人格问卷中的六个维度(社交、神经质—焦虑、冲动感觉、攻击—敌对性、活泼、掩饰)均没有显著的组间差异。因而,实验结果中的风险决策成绩的差异并不是由两组被试本身风险偏好或其他人格特质的差异引起的。把被试的冲动感觉得分作为协变量,协方差分析结果显示,相比与道德无关的两难决策组,涉及个人的道德两难决策组在后续的爱荷华博弈任务中表现更差,尤其是第20到40次选牌过程中,两组的差异达到极显著水平,完成涉及个人的道德两难决策的被试做出了更多的不利选择。

实验结果排除了人格特性的差异,证明是先前不同类型决策任务的差异引起了后续风险决策任务成绩的差异。与不涉及道德的两难决策的语义情境相比,涉及个人的道德两难决策的语义情境更多地涉及了直接伤害他人的相关行为,而伤害他人这种违背道德观念的行为往往会引起强烈的社会情绪反应。心理学家Nichols提出,道德决策依赖于两个机制,一个是防止伤害他人的标准理论,另一个是被他人痛苦所激活的情感机制(Nichols,2002)。面对涉及个人的道德两难情境,在判断某一行为合适或者不合适的过程中,往往会引起功利主义和道义论之间的竞争(Greene et al.,2004)。相对于不涉及道德的两难决策问题,涉及个人的道德两难决策问题更加困难和需要消耗努力。Vohs等人指出,选择决策会消耗自我资源,导致这一资源在后续的任务需求中不足,损害接下来在自我调整任务中的成绩表现(Vohs et al.,2008)。最近的研究也表明,任务的难度会影响执行功能的消耗量,任务越难,损耗越多(Schmeichel,2007)。也就是说某些选择决策会比其他的选择决策更加消耗。相应的,本案例的研究结果显示,和与道德无关的两难决策任务相比,涉及个人类型的道德两难决策任务消耗了更多的资源,导致了在后续任务中更差的成绩表现。

爱荷华博弈任务可以很好地测量决策障碍、检测个体是否存在只考虑短期回报而不估计风险因素的倾向（李欣华、郑涌，2008）。本实验研究中的爱荷华博弈任务的结果显示，在第二个阶段（即第20-40次）选牌过程中，涉及个人的道德两难决策组的成绩显著低于不涉及道德的两难决策组的成绩，完成涉及个人的道德两难决策任务的被试做出了显著更多的偏好高风险的不利选择。以往的研究认为，被试早在最初的20次选牌过程中就对爱荷华博弈任务的奖励和惩罚有了一定程度的掌握（Maia & McClelland，2004）。关于皮肤电反应（skin conductance response，SCR）的相关研究也显示，在大约30次左右的选牌阶段，相比大多数腹中前额区皮质损伤的患者，正常的被试在选择不利纸牌之前会比选择有利纸牌之前产生更高的预期皮肤电反应（李秀丽等，2009）。因而，30次左右的选牌阶段对于区分被试成绩的差异也是非常有意义的。

在爱荷华博弈任务中，把被试的冲动感觉得分作为协变量后，涉及个人的道德两难决策组的被试和与道德问题无关的两难决策组的被试仅在第20-40次选牌阶段达到差异显著的水平。这可能是由于涉及个人的道德两难决策组和与道德问题无关的两难决策组的被试都来自于正常人的群体，组间的爱荷华博弈成绩很难达到太大的差异。此外，在完成风险决策任务之前，两组被试都完成了相应的两难决策任务，尽管资源的消耗程度可能不同，但先前的决策任务都会带来相应的资源损耗。可能是以上原因造成了其他阶段不显著的结果。

此外，以往的研究表明，腹中前额区脑区受损患者在完成涉及个人类型的道德两难决策任务和爱荷华博弈任务中均表现出相应的决策缺陷（Koenigs et al.，2007；Bechara et al.，1997）。而腹中前额区这一脑区被认为与基于情感的学习系统等社会认知领域的许多功能有关，并且对于内疚、怜悯、移情等亲社会情感也非常重要（李稳等，2008）。相应地，本实验的研究结果显示，相比完成与道德无关两难决策的被试，完成涉及个人类型的道德两难决策任务的被试在后续的爱荷华博弈任务中成绩更差。除了这两种不同类型的决策任务的难度存在差异外，也有可能是涉及个人类型的道德两难决策任务和爱荷华博弈任务占用和消耗的大脑资源更加相近。一项功能磁共振成像（fMRI）的研究也指出，爱荷华博弈任务征用了背外侧前额区（dorsolateral prefrontal cortex）、脑岛（insula）和后扣带回（posterior cingulate cortex）、中央眶额区（mesial orbitofrontal cortex) 和腹中前额区皮质 （ventromedial prefrontal cortex) 等神经回路 （Li et al. , 2010)。其中, 背外侧前额区用于工作记忆相关的加工, 脑岛和后扣带回用于表征被试的情绪状态, 中央眶额区和腹中前额区皮质用于整合以上两个过程。该研究证明, 爱荷华博弈任务既涉及认知相关的加工又涉及情感相关的加工。与爱荷华博弈任务的情况相似, Greene 等人研究发现, 涉及个人的道德两难判断引起了功利主义的选择决策和道义论的选择决策之间的冲突, 当人们做出道德两难判断时, 情绪和认知相关的脑区都有不同程度的激活。换句话说, 情绪和认知在道德两难决策过程中都起到非常重要并且是交互竞争的作用 （Greene et al. , 2004)。

（五）结论

案例二的实验为行为学实验, 考察了涉及个人类型的道德两难决策和不涉及道德的两难决策对其后风险决策能力的差异性影响。该研究通过爱荷华博弈任务 （Iowa Gambling Task, IGT) （Bechara et al. , 1994) 来考察完成不同类型的决策任务后的被试风险决策的成绩。并且通过 Zuckerman-Kuhlman 人格问卷 （Zuckerman et al. , 1993; Wang et al. , 2002; Wu et al. , 2000) 对被试本身的个性人格进行了评估。相比不涉及道德的两难决策任务, 涉及个人类型的道德两难决策任务更多地影响了后续风险决策任务的表现。实验结果发现, 完成涉及个人类型的道德两难决策任务的被试在爱荷华博弈任务的第二个选牌阶段做出了更多追求高风险的不利选择。表明了与不涉及道德的两难决策任务相比, 涉及个人类型的道德两难决策任务更多地消耗了用于风险决策的相关资源, 导致完成涉及个人类型道德两难决策任务的被试在后续的风险决策任务中表现更差。

综上, 本实验研究结果发现, 相比不涉及道德的两难决策任务, 涉及个人的道德两难决策任务更多地占用和消耗了用于后续风险决策的相关资源, 导致完成涉及个人的道德两难决策任务的被试在爱荷华博弈任务的第二个阶段做出了显著更多的追求高风险的不利选择。本研究从认知行为学实验的角度, 进一步揭示了涉及个人的道德两难决策和不涉及道德的两难决策之间的差异。同时, 由于决策在人们社会生活具有十分重要的地位, 本研究还具有一定的现实意义, 可以为日常生活中的一些决策相关的现象提供合理的解释和指导。

第四章

道德两难决策权衡的神经科学研究

人类大脑是一个非常复杂而神秘的机能系统,我们对它并不陌生,但了解得却非常有限。神经科学帮助我们为各种现象梳理出合理的解释,脑、认知和行为的关系一直是认知心理学和认知神经科学研究的核心问题,揭示大脑的奥秘是认知神经科学的主题。在认知神经科学的研究领域中,无创伤的脑功能成像技术起到了越来越重要的作用,与传统的损伤性实验技术相比,脑功能成像技术具有很大的优势。为无创伤地"观察"健康人大脑的活动,进一步探索人类认知和情绪的神经机制,以及理解自然和人类自身的活动等方面做出了重大的贡献。

目前,在认知神经科学研究领域中主要应用的脑功能成像技术包括以下几种:脑电图(Electroencephalograph,EEG)/事件相关电位(event-related potential,ERP)、脑磁图(Magnetoencephalography,MEG)、正电子发射断层扫描术(Positron emission topography,PET)、功能磁共振成像(functional magnetic resonance imaging,fMRI)、经颅磁刺激(Transcranial Magnetic Stimulation,TMS)和经颅直流电刺激(transcranial Direct Current Stimulation,tDCS)等技术。脑电图反映了在头皮表面记录的树突(突触后的)神经元细胞群激活的总和;事件相关电位反映了大脑对于感觉、认知和运动等事件的反应;脑磁图由记录在头皮表面的相关的磁通量构成;正电子发射断层扫描术和功能磁共振成像则测量了脑的新陈代谢和血管反应,而这些反应则与神经元的激活相关(Fu & Parasuraman,2007);经颅磁刺激技术是利用脉冲磁场作用于大脑,改变大脑皮层神经细胞的膜电位,使之产生感应电流,影响脑内代谢和神经电活动,从而引起一系列生理生化反应的磁刺激技术。而经颅直流电刺激是一种非侵入性的,利用恒定、低强度直流电(1—2 mA)调节大脑皮层神经元活动的技术。以上这些技术为无创地研究人类的脑功能提供了观察的窗口，有助于打开和探索大脑这个神秘的"黑匣子"。每种脑扫描技术都有其独特的优势和不足。例如，正电子发射断层扫描术和功能磁共振成像都能显示在从事某项任务时，哪个脑区是活跃的。标准的功能磁共振成像非常善于分辨大脑结构的细节，具有毫米级的空间分辨率，但其时间分辨率却只有秒级。而脑电图/事件相关电位则善于捕捉大脑细胞之间这种稍纵即逝的"对话"，更好地把握时程信息，具有毫秒级的时间分辨率，但不幸的是，它的精细程度有限，空间分辨率却只有厘米级，对于推断神经激活的解剖层面信息不如功能磁共振成像技术精确。功能磁共振成像和脑电这两方面技术各有优点，又都存在局限性，融合功能磁共振成像和脑电的多模态脑功能研究有望更全面地揭示大脑的奥秘。

相比于外显的行为学结果，脑功能成像技术的测量结果可以提供更直接的大脑活动数据。此外，神经科学的方法要比其他行为学的方法更加敏锐，当一些外显的行为学结果不存在差异时，借助于神经科学的技术，我们也可能发现神经层面的差异。本章以下的内容主要介绍道德两难决策相关的事件相关电位研究、功能磁共振成像研究和脑刺激研究以及脑损伤病人的相关研究。

第一节 ERP 研究

事件相关电位（event-related potential，ERP）是认知神经科学领域中，评价大脑信息处理过程相关电活动的一种无创伤性检测手段，是认知神经科学最常用的技术手段之一。事件相关电位是一种特殊的脑诱发电位，主要通过平均叠加技术从头皮表面记录大脑的诱发电位来反映认知过程中大脑的神经电生理改变，从而对大脑的高级活动做出客观评价。

一 ERP 相关技术

（一）脑电图（EEG）

脑电图反映了头皮表面的一个激活电极与置于头皮或者身体另外一

处的参考电极之间的实时电压的变化（如图 4.1）。从健康清醒的大脑得到的头皮表面脑电信号，峰值经常是小于 100μv 的。在许多情况下，EEG 同时记录来自头皮表面不同位置的多个电极的信号，根据传统的电极放置方法，这些电极通常放置于大脑的额叶、顶叶、枕叶和颞叶区域（如图 4.2）（Gevins & Smith, 2007）。然而，相对于像功能磁共振成像（fMRI）和正电子断层扫描（PET）这样的神经激活的三维解剖定位的方法，EEG 有显著的空间定位的缺陷，但是 EEG 却有较高的时间分辨率，在考察大脑活动的时间性方面具有明显的优势。此外，对于连续监控大脑功能（例如，长时间监控或者是像医院病床的环境），相比于其他的功能成像技术，EEG 也有其独特的优势。事实上，EEG 经常是临床监控任务的理想选择。例如，连续的 EEG 监控是目前诊断和评价癫痫症以及睡眠障碍的有效工具。

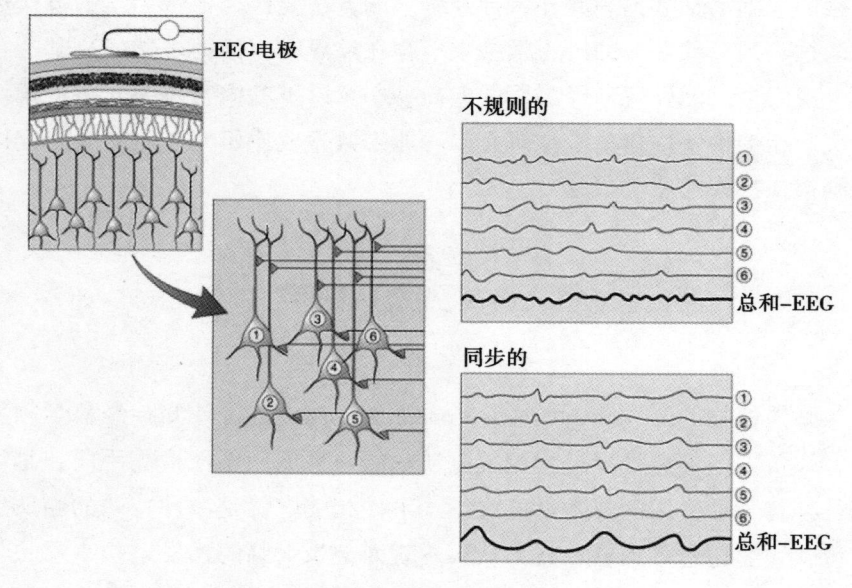

图 4.1　EEG 的本质

通过对 EEG 的研究发现，EEG 对于认知负荷以及完成特定任务所需要付出的精神努力的变化很敏感。同时，当个体变得昏昏欲睡或者疲劳的状态，也可以通过 EEG 的指标体现出来。这些变化可以自动地通过置于头皮表面的电极检测到通过将 EEG 功率谱参数和多元函数结合

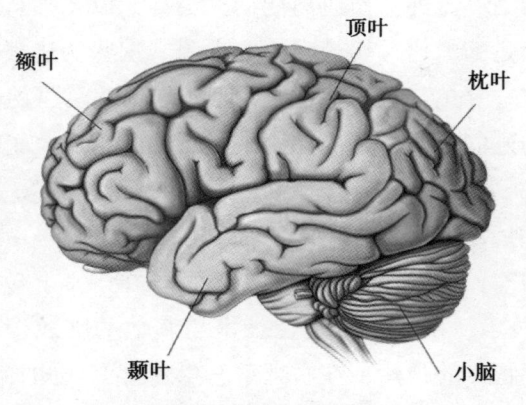

图 4.2 大脑的结构分叶

的算法来测量。例如，以往的研究表明，处于昏昏欲睡的被试，其低频的 theta 波段（频率为 4-7Hz）广泛地增加，而 alpha 波段（频率为 8-13Hz）的激活则减少。当被试处于深睡阶段，则主要诱发了 delta 波段（频率为 4Hz 以下）的激活。而 Beta 波段（频率在 14-30Hz）的激活则被认为往往与人们的思维活动和警觉有关（图 4.3）(Gevins & Smith, 2007; Gevins et al., 1997)。

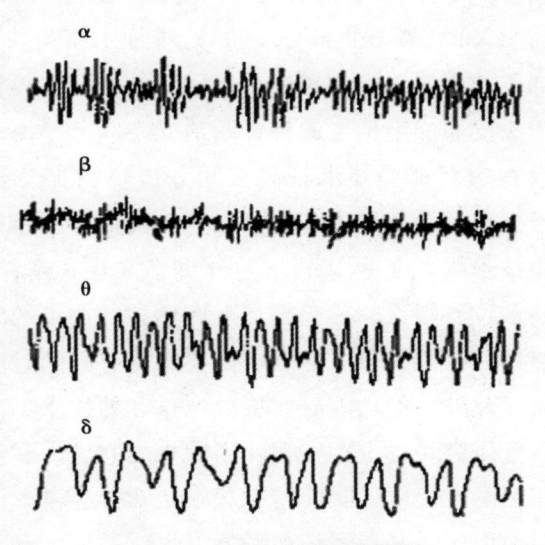

图 4.3 各波段波形示意图

除了大脑神经细胞的电活动，记录在头皮表面的信号还会受到来自眨眼等电位的污染。此外,像肌肉活动、头动,以及来自其它生理和仪器的电位干扰都是脑电信号伪迹的主要来源。这些伪迹很有可能会轻易地掩盖 EEG 信号。在实验室研究中,研究者们考察原始数据,确定伪迹,清除包含伪迹的分段,来确保用来分析的数据反映了实际的脑激活情况。

(二) 事件相关电位(ERP)

脑电图(EEG)技术作为一种脑成像技术在广义上包括事件相关电位(ERPs)的技术。事件相关电位技术与其他的脑成像技术相比,为一些研究提供了特殊的视角,在心理学、生理学、认知神经科学以及临床医学等领域做出了重大贡献。事件相关电位是通过有意地赋予刺激特殊的心理意义,利用多个或多样的刺激所引起的一种特殊的脑诱发电位。事件相关电位是从自发电位中经过计算提取出来的脑的高级功能相关的电位。事件相关电位的主要优势在于可以提供较高的时间分辨率(1ms 或者更好),并且相对成本也比较低。长期以来,研究者们应用事件相关电位来研究人们的认知、情绪和语言等加工过程。

使用事件相关电位来考察人类认知过程已经有了很长时间的历史。前人的研究表明不同的事件相关电位成分与注意(Hillyard et al., 1973)以及语言(Kutas & Hillyard, 1984)等加工相关。这些研究对于考察参与信息加工的不同成分相关的神经活动的时间性提供了重要的信息。然而,由于头皮表面电信号的神经激活的空间分辨率较低,事件相关电位技术并没有引起那些要求精确空间分辨率的神经科学家们的注意。而像正电子发射断层扫描术和功能磁共振成像等三维成像技术,相比事件相关电位技术提供了更好的空间分辨率(1cm 或者更好),对于神经激活的空间定位有很大的优势,但在评估神经加工的时间过程方面却存在着缺陷。目前,没有单一的脑成像技术既有高的时间分辨率又有高的空间分辨率。此外,像功能磁共振成像这样的技术不仅昂贵又限制被试活动,对一些研究来说也存在着使用困难的问题。在许多事例的研究中,由事件相关电位提供的时间信息对于认知神经科学中一些主要问题也起到了重要作用,尤其是对那些需要考察认知加工潜在神经机制的时间性的研究更是如此。在当前的认知神经科学的研究领域中,事件相关电位技术仍具有独一无二的地位。

事件相关电位代表了大脑对特定的感觉、运动和认知等事件相关的神经反应。事件相关电位通过置于被试头皮表面的传感器来采集脑电信号，然后再根据特定事件的时间锁定对 EEG 数据进行分段，最后对这些分段进行叠加平均而获得。因而事件相关电位反映了对于特定事件时间锁定的 EEG 样本的平均。对于事件相关电位，时间锁定的事件可以是外部刺激（例如声音、文字、面孔等），或由被试产生的行为反应（例如按键、语音或者是其他运动）等。对于时间锁定的事件，信号的平均可能是发生在这一事件之前或之后，如果这一事件是按键反应，那么在按键反应之后的平均就是与反应相关的事件相关电位。

对事件相关电位数据的处理一般包括以下几个步骤（参见图 4.4）（魏景汉、罗跃嘉，2010）：

① 转换参考电极（New Reference）：由单电极参考转换为双耳参考或平均参考等。

② 去眼电伪迹（Ocular Correction）：眼电的伪迹对 ERP 数据波形的影响比较明显，因而需要从 ERP 数据中剔除。

③ 滤波（Filtering）：剔除 50Hz 的市电或某些频段成分的干扰。

④ 分段（Segmentation）：根据刺激类型进行分类，以刺激出现或做出反应的时间点为准对齐进行分段。

⑤ 去除伪迹（Artifact Rejection）：剔除来自肌肉、皮肤、头动、吞咽动作等带来的混入脑电信号的伪迹。

⑥ 基线矫正（Baseline Correct）：一般选取刺激或反应时间点前的 100ms 或 200ms 的脑电信号作为基线。

⑦ 叠加平均（Average）：将同一条件下的所有刺激诱发的信号进行叠加平均，把 ERP 从 EEG 中提取出来。导出的个体被试在同一条件下的平均 ERP 数据（包括 ERP 成分的幅值和潜伏期）可以应用 SPSS 统计软件进行统计分析，或者对 ERP 成分进行溯源分析。

⑧ 总平均（Grand Average）：把同一条件下所有被试的 ERP 的波形进行平均。通常，文献报道的 ERP 波形图为总平均的 ERP 结果。

事件相关电位（ERPs）是和信息相关的波形，但淹没在 EEG 的信号中，通常观察不到，需要提取。一次刺激诱发的 ERP 的幅值大约是 2—10μv。这要比在静息状态下大概 50—100μv 的背景 EEG 信号要小很

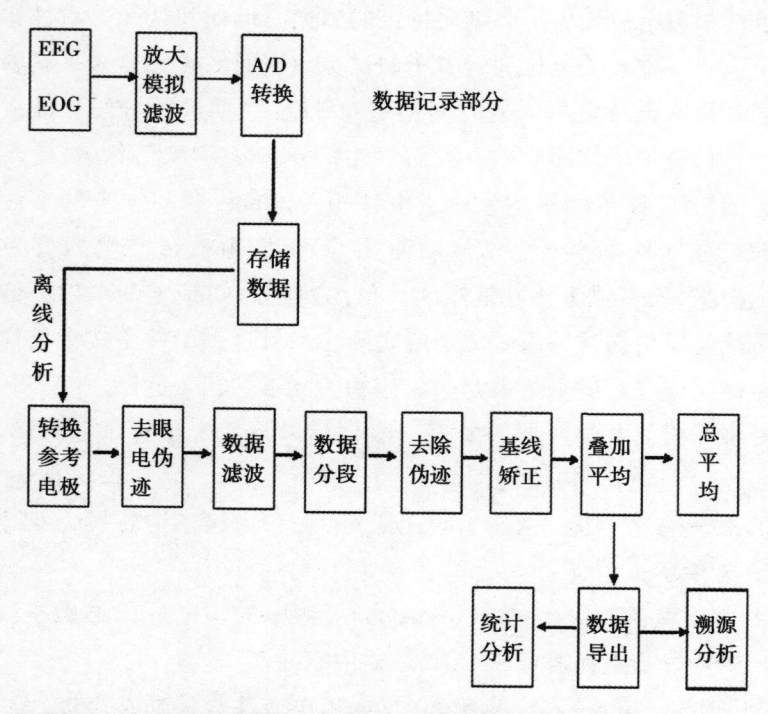

图 4.4 ERP 数据分析的流程图（摘自魏景汉、罗跃嘉，2010）

多。由于对事件时间锁定的 ERP 嵌入在充满噪音的 EEG 背景中，并且由刺激诱发的 ERP 的波形和潜伏期恒定，通过样本间信号的平均可以将 ERP 从 EEG 信号中提取出来。EEG 信号的平均一定伴随着眼睛和身体运动等伪迹的记录，而这些源产生的电信号较大，不能通过有限的平均叠加将其完全消除，因而会污染 ERP 数据。为了更好地估计对于时间锁定刺激的真实神经反应，携带眨眼或者身体运动的 EEG 时间段需要在平均之前就被剔除。眼电的伪迹可以通过伪迹矫正的方法来剔除。例如在左眼或右眼上方或下方处放置的电极来监控眨眼，而位于眼角处 1cm 左右位置的电极则用来记录眼球水平运动。如果有肌肉运动，一般来说也是很大的高频激活，也可以相对容易地从原始 EEG 信号中识别和剔除。通常认为，超过 $\pm 100\mu v$ 的 EEG 信号可以记作伪迹剔除。

获得信噪比良好的事件相关电位波形是研究的关键。因而事件相关电位的记录最好位于电屏蔽的安静房间中，但这也并不是必需的，事件相关电位在非电场屏蔽的条件下也有记录。一个重要的要求就是使头皮电极的阻抗保持在 5000Ω 以下，并且使用低噪音高阻抗的放大器（Picton et al., 2000）。理论上来说，ERP 的信噪比与用于平均的实验试次的数目 N 的平方根直接成正比。若想信噪比扩大 2 倍，N 就要扩大 4 倍。例如，若要使 16 试次的 ERP 实验的信噪比扩大 2 倍则需要 64 个实验试次。

实际上，想要获得信噪比足够稳定的事件相关电位波形并不需要特别大量的实验试次。精确的实验试次数目往往依赖于感兴趣的 ERP 成分。大致来讲，在实验室的记录条件，想要获得像 P3 这样一个大成分的平均，10 到 30 个试次是足够的。而想要获得像视觉 P1 或 C1 这样相对早和小的成分的平均，则需要 100 或更多个实验试次。然而，让被试去完成几百个试次的实验有时并不实际，那样被试会疲劳，而增加产生肌肉伪迹的机会。因而，一个比较好的权衡办法就是在获得感兴趣 ERP 成分的好的信噪比和保持被试清醒（精神）并且不疲劳之间找一个平衡。

一旦获得带有好的信噪比的稳定无伪迹的 ERP 波形，就可以测量到特定的 ERP 成分（正的或者是负的）的峰值振幅以及潜伏期。通常来说，峰值振幅是通过相对于事件前基线的平均振幅（一般是事件开始前 100ms 或 200ms）来测量的。有时候，文献也会报道两个连续正负成分之间峰值的振幅之差，或者是一个成分的平均幅值。

ERP 成分的命名惯例通常基于极性（正或负），以及在 ERP 波形中一个特定成分出现的次序。例如，P1 是第一个正性的视觉皮质区的反应，而 N1 是第一个负波。然而，ERP 成分的命名也有一些例外的情况。例如在视觉的 ERP 成分中，有一个成分先于 P1，被命名为 C1（成分 1，或者说是第一个视觉 ERP 成分），C1 的极性可能是正的，也可能是负的（Clark, Fan & Hillyard, 1995）。另外一个命名 ERP 成分的常用方法是基于该成分的极性和峰值的潜伏期。例如，P70 代表峰值的潜伏期为刺激出现后 70ms 左右的一个正性的成分，而 P115 代表波峰潜伏期为 115ms 左右的另外一个正成分。这一命名方法对于阐明不同潜伏期的同样的成分具有一定的优势，因为 P70 和 P115 可能都具有 P1 成分的特性。然而，这一命名方法也可能带来误解，例如，P180 可能代表一个缓慢视觉加工过程的 P1 成分（例如，从视觉运动中提取物体形状），也可能是从闪烁的视觉图像中提取的 P2 成分。最后，还有一些 ERP 成分的命名使用描述性的术语。例如，听觉的失匹配负波（mismatch negativity，MMN）（Näätänen，1990）和错误相关负波（error-related negativity，ERN）等 ERP 成分。

像正确率和反应时这样的行为测量已经广泛地用来评价神经负荷，但是像事件相关电位这样脑功能测量相对行为测量提供了更多的优势。事件相关电位能提供具有毫秒级的时间分辨率以及对于大脑状态的一定程度空间分辨率的神经测量。对于神经负荷的 ERP 研究，大多数研究都会考察 P300 成分，该成分由 Sutton 等人首次发现（Sutton，1965）。P300 成分是以平均潜伏期为刺激出现后 300ms 左右的一个慢正波为特征的，潜伏期大约从 250ms 到 500ms，这取决于刺激的复杂性、任务条件、被试年龄等其他因素（Polich，2007）。P300 成分典型地位于中央到顶部沿中线的头皮分布，幅值沿前额区（frontal）到顶区（parietal）的电极位置增加，P300 的幅值最大值位于顶区。P300 的幅值相对比较大，因此比较容易测量到。有时候即使在单个实验试次中也很容易发现。以往的研究发现，P300 的幅值与任务中注意资源的分配成正比（Johnson，1986）。在双元的任务中，目标识别过程中加工资源的偏移将会导致 P300 的幅值的降低。Wickens 等人研究发现（Wickens，Isreal & Donchin 1977），当主任务（例如，音调计算）与辅助任务（例如，视觉追踪）结合在一起的时候，P300 的幅值会降低。而增加视觉追踪任务的难度时，并不会导致 P300 的幅值进一步的降低（Isreal et al.，1980）。因而，P300 反映了与感知觉和刺激分类相关的加工，但与反应相关的加工无关。其他的相关研究也证实，P300 的幅值为相对于感知觉的资源分配提供了一项可信赖并且有效的指标（Kramer，Wickens & Donchin，1983；Kramer，Wickens & Donchin，1985）。

N400 成分是研究语言加工常用的 ERP 成分，它对于语义的不匹配是一个很好的研究手段。N400 成分通常是刺激呈现后 400ms 左右出现的一个负波。N400 这一电生理学反应由 Kutas 和 Hillyard 在 1980 年首次发现报道（Kutas & Hillyard，1980）。他们设计实验的最初目的是想用句子中的异常词来诱发出 P300 成分，因而，故意将实验刺激中某些句子的最后一个词写成与句子语义不符的异常词（例如：他剃掉了他的胡子和城市)。本来实验的主试们预期会产生 P300 这一 ERP 成分。然而，出乎意料的是，相对于正常的句子，这些以异常词结尾的句子产生了一个较大的负波，这些负波出现在刺激呈现后 400ms 左右，因而被命名为 N400 成分。研究表明，N400 成分与语义信息的加工有关，是大脑对词或类词刺激的正常脑反应的一部分（Kutas & Federmeier, 2000）。

此外，事件相关电位还可以敏感地反映出大脑的情绪活动，是评价对视觉刺激的情绪加工的有效工具。研究者们发现了一些与情绪相关的 ERP 成分，并根据实验目的和实验设计的不同得出了不同的解释。例如，P200 成分，通过内隐情绪加工的任务，心理学家罗跃嘉等人发现，负性情绪刺激诱发的 P200 的幅值大于正性和中性的情绪刺激诱发的 P200 幅值（罗跃嘉等，2006）。P300 的幅值对于情绪刺激也是非常敏感的，无论是正向的还是负向的情绪刺激都可以引发 P300 的幅值的变化（Carretié et al., 1997）。最近的研究也指出无论是词汇的情绪意义还是被试的情绪状态都会影响到 N400 的幅值。De Pascalis 等人的研究指出，具有负性情绪意义的词汇要比正性和中性情绪意义的词汇引发了更高的 N400 幅值（De Pascalis et al., 2009）。

事件相关电位对于大脑加工的时间过程提供了重要的信息。ERP 模式可以通过不同的层面对大脑活动进行考察。对头皮表面不同位置的 ERP 波形差异的比较对于考察参与加工的脑区也是一个重要线索。在二维水平，当大脑对某个特定的任务进行加工时，头皮表面的 ERP 电压图也会在特定时间范围内变化。在三维水平，与特定神经加工阶段相对应的皮质内神经发生源的位置、强度以及方向都可能在不同条件下变化。虽然 ERP 技术是追踪大脑加工时间过程的有效工具，但是对于推断潜在神经激活的解剖层面并不像 PET 和 fMRI 这样的脑成像技术精确。如果把特定的头皮表面电极位置所观测到的事件相关电位的神经发生源直接定位在该电极所在位置的下方，那么结果很可能是错误的。原因就是，大脑所产生的神经激活是大量传导的，离发生源相对远距离的信号也可以记录到的（Fu & Parasuraman, 2007）。因而，对于 ERP 成分的源定位往往需要应用一些溯源定位的方法。总之，事件相关电位的研究方法为进一步探索人类大脑、研究认知和情绪等加工过程的脑机制提供了重要的时间相关的信息，至今在神经科学领域仍具有不可替代的地位。

(三) sLORETA 溯源分析

根据头皮表面的电位分布去估计大脑内部的激活情况是脑电的逆问题。溯源分析的方法有效地解决了脑电的逆问题。目前，溯源分析的方法大致可以分为两类：偶极子源定位的方法和分布源的方法。这两种方法有着各自的优势。其中，偶极子源定位的方法具有参数少、便于操作的特点，但它的缺点也比较明显，即偶极子的个数不好确定。而分布源的方法不需要假定源的个数，且可以很好地对非局部的脑电活动进行模拟，因而在本书的实验研究中主要采用了分布源方法中比较流行的标准低分辨率电磁断层成像方法（standardized low-resolution electromagnetic tomography, sLORETA）。

标准低分辨率电磁断层成像方法由 Pascual-Marqui 等人（Pascual-Marqui, 2002）开发，是目前广泛使用的一种溯源定位方法，该方法可以根据头皮表面测量到的电位分布来反演估计脑内三维分布的神经元激活的信息。sLORETA 溯源分析的方法假定相邻的神经元的激活是趋于同步或者说是相似的，将电流密度采用合适的方法进行标准化，来生成脑内神经元激活的图像，该方法对于脑电逆运算非唯一解的问题提出了一个特定的解决方案。在理想的条件下，sLORETA 溯源分析方法的定位结果可以做到无偏斜，零偏差（Sekihara, Sahani & Nagarajan, 2005）。

sLORETA 溯源分析方法的计算基于一个理想的脑模型。该方法把大脑皮质看作体素的集合。通过使用 MNI152 脑结构模型，sLORETA 溯源分析方法把三维的解空间限制在大脑皮质的灰质区域，并将大脑皮质灰质划分为 6239 个体素，其空间分辨率为 5mm。最后，该方法将 MNI 坐标通过合适的方法转换到 Talairach 坐标得到了激活脑区的解剖名称。通常，sLORETA 溯源分析的方法主要回答了两个重要的问题，即："时间"问题和"地点"问题。"时间"的问题试图去锁定产生差异所在的时间框架，而"地点"的问题则试图去定位差异所在的脑内三维皮质结构。为了适用于不同的实验设计，sLORETA 溯源分析方法中包括配对样本的组间比较（paired groups, test A = B）、独立样本的组间比较（independent groups, test A = B）、单样本的比较（single group, zero mean test A=0），以及回归分析（regression）等不同的统计分析方法。sLORETA 溯源分析方法被证明一种有效的脑功能成像的方法，被广泛地用于估计不同 ERP 成分的激活源，有研究表明，该方法优于其他几个线性逆运算的方法（Pascual-Marqui, 2002；Shao et al., 2012）。

二 道德两难决策权衡的 ERP 相关研究

事件相关电位（ERP）是一种特殊的脑诱发电位，它反映认知过程中大脑的神经电生理改变。借助于 ERP 的高时间分辨率，研究者们探讨了人们对于分配方案公平性感知的时程特点。研究表明，参与涉及公平感的分配方案的感知的主要 ERP 成分包括反馈相关负波（feedback-related negativity，FRN）、P300 和晚期正成分（late positive potential，LPP）等。这些成分参与并代表了行为加工的不同阶段，具有不同的心理含义。在早期阶段，即分配方案出现后的 200—350ms 时间窗内，相对于公平方案，不公平方案诱发了更大的分布于大脑额中央区的反馈相关负波。研究者认为这一成分不仅反映了奖赏效价，还反映了结果与个人预期之间违反程度的大小（Wu & Zhou, 2009）。

在之后的研究中，Wu 等人修订了最后通牒博弈范式，借助事件相关电位技术，考察了社会比较对人们公平性影响的电生理学机制（Wu et al., 2011b）。在该研究中，被试作为反应者，有权选择接受或拒绝分配方案。实验中，被试不仅知道建议者分配给他们的份额，还被告知在其他分配中的反应者被分配的平均份额（参见图 4.5）。实验的结果表明，当被试被给予少于平均份额的分配时，尤其是这种分配极度不公平时，反应者往往会选择拒绝该分配方案。事件相关电位的结果表明，相比中度不公平的分配，极度不公平的分配在 270-360ms 的时间窗诱发了更大的中前额区负波（medial frontal negativity，MFN），社会比较这一因素对 MFN 的波形不起作用，说明 MFN 只对公平的因素敏感。只有当其他反应者得到的分配份额小于被试得到的分配份额时，中度不公平的分配比极度不公平的分配诱发了更大的在 450—650ms 时间窗的晚成分正波（the late positive wave，LPP），而当其他反应者得到的份额大于或等于被试得到的分配份额时，这种效应便不存在。该研究结果表明，当人们对分配的公平性进行加工时，早期的自动加工的过程是一个初级的水平（只对是否公平敏感），晚期是一个评价的过程，而社会比较和公平规范的因素在晚期的评价过程中起作用，影响这一评价过程。

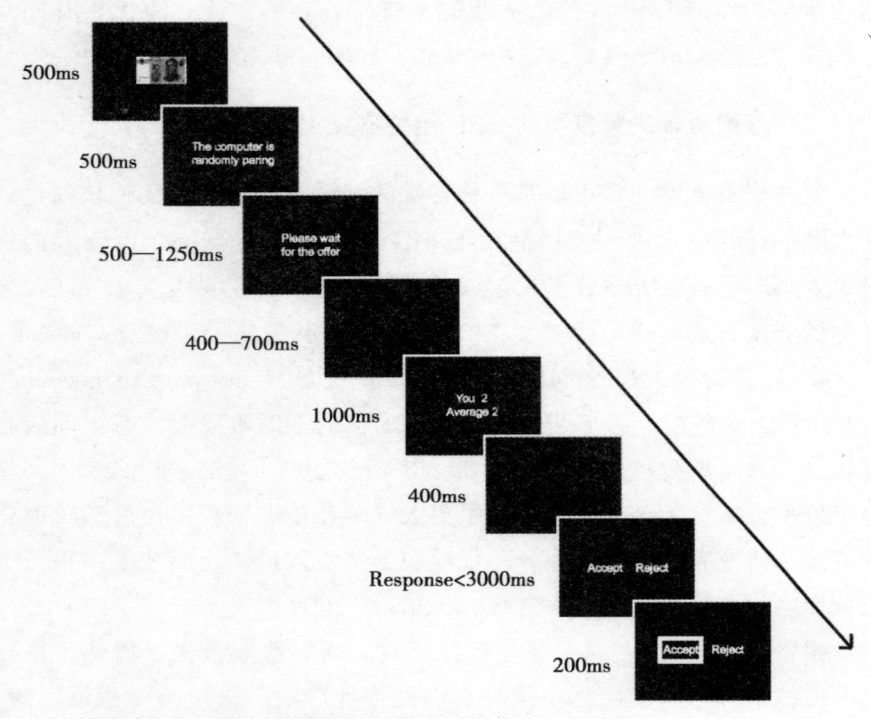

图 4.5　实验流程图（摘自 Wu et al.，2011b）

应用最后通牒博弈范式，Wu 等人还考察了资产最初所有对公平性的影响（Wu et al.，2012）。在该实验研究中，起先把资产随机给予最后通牒任务中的提议者或反应者，然后再用这笔资产进行分配。被试作为反应者，可以选择接受或拒绝分配方案。分配方案分为对被试有利的不公平分配、公平分配或对被试不利的不公平分配三种类型（参见图4.6）。

该研究发现，相比资产最初是他人所有时，被试自己最初所有时更容易拒绝对自己不利的不公平分配和公平分配。事件相关电位的结果发现，不公平的分配方案比公平的分配方案在 280—380ms 时间窗诱发了更负的中前额区负波，并且该成分不受资产最初所有权因素的影响。而在 400—600ms 时间窗诱发的 P300 成分既受到分配方案的影响（公平分配比两种类型的不公平分配的幅值更高），又受到起初所有权的影响

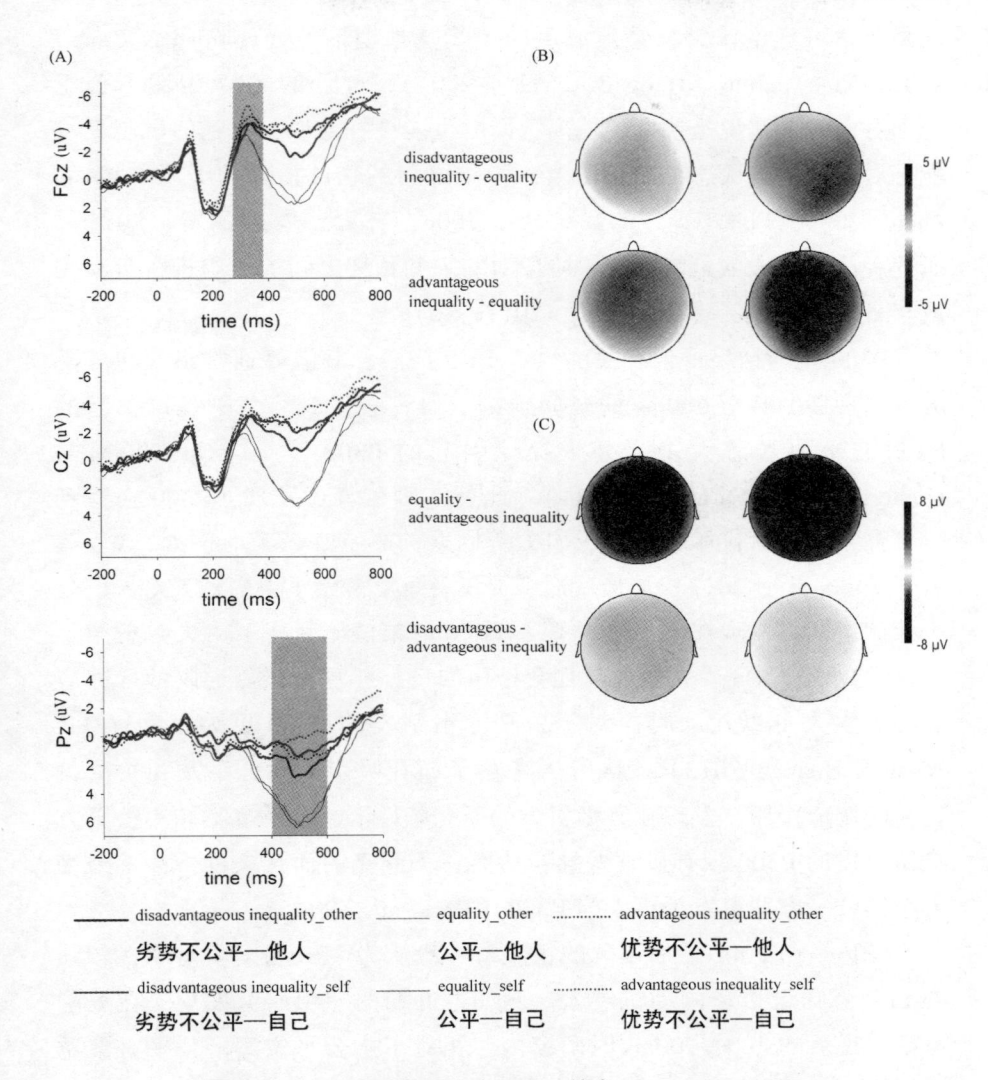

图 4.6　ERP 波形图和脑地形图（摘自 Wu et al., 2012）

（他人最初所有比自己最初有诱发了更大的 P300 的幅值）。该研究认为，中前额区负波可能表明了评价分配方案是否公平的一般机制，而晚期的 P300 成分则对于自上而下的控制加工敏感，这一加工过程可能与注意资源的分配有关。

借助于 ERP 实验技术，Polezzi 等也发现不公平分配方案较之公平分配方案，诱发了在方案呈现后 270ms 达到顶峰的反馈负波 FRN，FRN

的强化学习理论认为反馈负波反映了奖赏预期信号（Holroyd & Coles, 2002；Nieuwenhuis, Holroyd, et al., 2004），此处的 FRN 说明不公正分配对回应者来说是预期的偏离，同时也能更好地说明拒绝的机制更可能是对不公平的厌恶，而不是对于拒绝之后的物质损失的厌恶（Wu & Zhou, 2009；Polezzi, Lotto, et al., 2008；林潇、周宏丽等, 2015）。研究者认为，大脑可能在这一阶段对结果和预期之间的矛盾进行自动化或半自动化的加工（Wu et al., 2011a, b）。

P300 是与结果评价有关的另一 ERP 成分，其波峰通常出现在分配方案出现后 200 至 600ms 的时间窗内。研究者发现，公平提议引起的 P300 波幅要显著大于不公平提议引起的 P300 波幅（Qu, Wang & Huang, 2013；Wu et al., 2011）。此外，研究者还发现，P300 会受到得失框架、社会排斥、面孔吸引力等因素的影响和调节。例如，Wu 等人（Wu et al., 2012）从最后通牒提议者角度考察了得失框架对人们公平感的影响，发现在"得"框架下 P300 的幅值显著高于"失"框架下 P300 的幅值。Qu 等人发现与社会排斥的情境相比，最后通牒博弈回应者与陌生人可以互动时面对不公平方案引发的 P300 更为正性（Qu, Wang & Huang, 2013）。Ma 等人考察了面孔吸引力对公平及相关决策行为的调节作用，发现在有吸引力的面孔条件下，公平方案和不公平方案所引发的 P300 没有显著差异；然而在不漂亮的面孔条件下，不公平方案比公平方案引发了更大的 P300（Ma et al., 2015）。

LPP 是在 P300 之后出现的正波。一般认为 LPP 与动机有关，较强的 LPP 意味着更强的动机卷入。例如，近期的一项研究发现，在分配方案出现后的 400—700ms 时间窗内，相对于不公平方案，公平方案诱发了更大的晚期正成分 LPP。并且方案的公平水平与社会等级的高低产生了交互作用（Hu et al., 2016）。与 P300 成分类似，LPP 通常受到刺激凸显性和唤醒程度的影响，其波幅大小与个体对某一信息投放的注意资源的多少成正比。研究者认为，个体在对分配方案加工的晚期阶段，对公平方案的加工不受社会等级的影响，而对不公平方案的加工会受到社会等级的影响。对处于低社会等级的被试来说，不公平方案的凸显程度和唤醒程度会显著降低。研究者通过一系列的脑电研究表明，人们在评价分配方案的公平性时会涉及一个相对早期的自动化或半自动化的加工阶段和一个相对晚期的整合与评价加工阶段。在早期阶段，大脑主要加工违背公平规范的实际行为与对遵循公平规范的行为的预期这两者之间的冲突；在晚期阶段，大脑会将情境因素与公平规范进行整合，对方案的公平性进行更深入、复杂的加工，进而解决和抑制早期阶段探测到的冲突，做出相应的决策（周晓林、胡捷、彭璐，2015）。

此外，利用经典的道德两难决策任务，借助于 ERP 技术和脑功能网络的方法，Xue 等人考察了两种不同类型的道德两难决策任务的差异（Xue, Wang & Tang, 2013）。通过同步似然方法计算电极间的功能关系，分析和比较了在道德两难决策过程中涉及个人的（Personal 类型）和不涉及个人（Impersonal 类型）情境下的脑功能网络特性的差异。研究发现相比 Impersonal 类型的道德两难情境，Personal 类型的道德两难情境需要更多的位于右脑的情绪相关资源以及额叶相关的长程连接来处理情绪和认知之间的冲突（参见图 4.7）。揭示了脑功能网络的连通方式与道德两难决策中认知和情感间冲突程度的表征有着密切的关系。

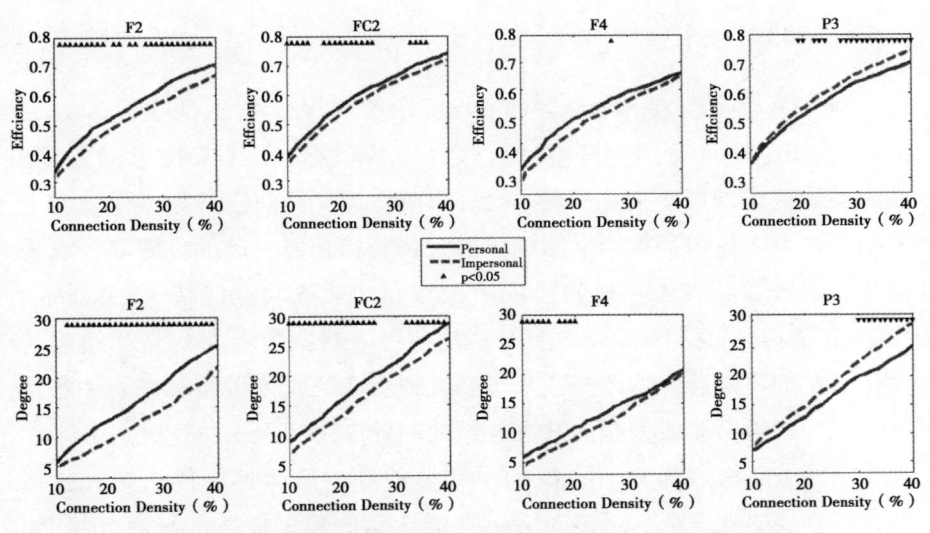

图 4.7 脑功能网络的节点拓扑性质（摘自 Xue et al., 2013）

第二节 fMRI 研究

人脑是人体最重要的器官之一，几十年来，科学家们一直都认为大脑是一个名副其实的"黑盒子"，对于人脑功能的探求无疑是非常有意义的事情。科学家发现，一个成人的大脑重约3磅左右，体积约1.5公升，由1000亿左右个神经元组成。我们的大脑只占整个身体体重的2%，然而它却消耗着整个身体20%的能量。"了解大脑、认识自身"成为21世纪的人类科学面临的最大挑战。基于计算机和信息技术等相关技术的飞速发展，20世纪末人类开始尝试对大脑进行成像研究。在众多的成像模式中，用于脑功能定位的功能磁共振成像（Functional Magnetic Resonance Imaging，fMRI）是一种非常有效的研究脑功能的无创技术，已成为目前最广泛使用的脑功能研究手段，可以说是目前认知神经科学中神经成像的主流。

一　fMRI 技术

1946年美国学者Bloch和Purcell首先发现了核磁共振（Nuclear Magnetic Resonance，NMR）现象。之后，随着核磁共振技术的发展，在人类的医学领域逐渐发挥着举足轻重的作用，目前磁共振成像技术主要用于观测人体内部解剖学结构，确定肿瘤和其他疾病的位置等，成为现代医学影像领域中不可缺少的一员。而功能磁共振成像（Functional Magnetic Resonance Imaging，fMRI）是利用磁共振技术来测量神经元活动所引发的血液动力的改变，来研究人脑功能的成像手段。在某种意义上说，功能磁共振成像是磁共振成像的一种应用和深入的发展。

功能磁共振成像具有良好的空间分辨率，虽然是一种非介入的技术，但功能磁共振成像可以对人脑功能活动的特定皮质区域进行精准、可靠的定位，其空间分辨率可达到毫米级别。而在时间上，功能磁共振成像技术也能实时记录信号的变化，比如反映几秒内发生的思维活动，或认知实验中信号的变化，时间分辨率达到秒级别。基于其良好的特性，越来越多的脑科学研究人员开始从事功能磁共振神经成像的研究，并将它应用于认知神经科学。

功能磁共振成像的空间和时间分辨率主要受伴随神经活动所产生的生理变化的限制，而不是成像技术本身的限制。功能磁共振成像是以脑部神经活动产生的局部血流量变化为基础的成像技术。脑部神经活动区域的血流量增加，超过了氧的消耗量，使得血液中的脱氧血红蛋白的比例降低。大脑皮层的微血管中的血氧水平发生变化时，会引起局部磁场均匀性变化，从而引起核磁共振信号强度发生变化，称为血氧水平依赖（Blood Oxygenation-level Dependent，BOLD）。BOLD 主要通过脑小静脉内脱氧血红蛋白含量的变化，在无创伤条件下直接观察脑皮质功能区激活及其变化情况。BOLD 是合氧血红蛋白和脱氧血红蛋白的磁化率有差异、神经活动引起的血流有变化、血氧浓度及代谢率有变化的综合机制。由于神经活动时需要能量，耗氧量大的区域引起区域血流量的增加，带来含氧血红蛋白的增加，远超过神经元本身的需求，这使大脑神经活动区域的脱氧血红蛋白的比例减少，由于含氧血红蛋白具有抗磁性，脱氧血红蛋白具有顺磁性，脱氧血红蛋白比例的减少可使影像信号增强，通过磁共振成像便可在影像上区分活动和休息状态下的大脑区域。另外，在神经活动时，氧的代谢率是随时间变化的，这是因为合氧血红蛋白的浓度梯度是随时间变化的，因此，会导致一个随时间变化的局部梯度场。从神经活动到引发血液动力学的改变，通常会有 1—5 秒的延迟，然后在 5—8 秒左右达到高峰，然后以更慢的速度缓慢下降，再回到基线。因而，在进行功能磁共振成像的实验设计时，关键刺激的呈现时间应足够长，如果在血流动力学反应时间之内就施加刺激会使信号没有足够的时间回到静息水平。

由于磁共振成像设备采集的实验数据量很大，因此在研究过程中除了需要精确地设计实验、选择被试和采集数据外，数据的处理、分析和统计也非常关键。目前国际上通常使用基于 MATLAB 平台的 SPM 工具包对数据进行处理。用 SPM 进行数据处理分析过程主要分为两大部分：预处理过程和统计分析过程。

预处理的主要目的就是为 SPM 对这些数据更好地统计分析做准备。其过程一般包括以下四个步骤。第一步称为校准（relignment），确定时间序列图像与其第一个图像配准时的参数，即把一个实验序列中的每一帧图像都和这个序列的第一帧图像按照一定的算法对齐，以矫正被试的头动。做完这一步，能给出该序列中被试的头动情况，以作为是否放弃该数据的依据。第二步是标准化（normalisation），又称归一化，是将fMRI图像数据归一化到一个标准三维空间。这是由于不同被试的脑在解剖结构上可能存在差异，需要把不同被试的脑图像进行空间标准化处理，将其转化为大小和朝向都相同的标准化图像。第三步是空间平滑（smoothing），即用一个高斯核（Gaussian kernel）对图像进行三维卷积。第四步是切割（segment），用一定的方法将图像分割为白质和灰质，用于模式不同的图像之间的配准，如核医学图像与MRI图像配准（冯士刚，2009）。

SPM的软件界面比其他统计软件要复杂一些，具有强大的统计功能。其界面设计可以使众多复杂的统计处理过程能在基本界面上进行和完成。SPM能把许多实验序列所得的数据整合起来，统一建模，给出所有被试在不同任务当中的平均结果。大体上讲，SPM中图像数据的统计分析过程分为：①模型设置及参数估计。②对无效假设进行检验，并作统计推断，然后进行统计参数图显示（张海敏、陈盛祖，2002）。

二　道德两难决策权衡的fMRI相关研究

近年来，对道德两难决策权衡的研究越来越广泛。人们对该过程的研究同样绕不开认知和情感的关系。道德两难决策权衡究竟是一个斟酌考虑的推理过程还是一个非理性的直觉情感过程，这一直是一个存在争议的问题。在以往的道德心理学研究中，长期以来，人们主要强调认知的作用，认为道德判断主要是认知的结果。人们在道德判断过程中需要进行一系列的推理，而推理的过程中则是需要认知参与的。在近年的道德决策研究中，情绪或者是无意识的直觉加工的作用也逐渐引起了人们的重视（Damasio，1994）。越来越多的研究者逐渐认识到，情感和认知推理在道德决策判断中同样具有非常重要的作用，人们在道德判断过程中，有可能偏向情感，也有可能偏向认知。随着认知神经科学领域的发展，研究者有了更可靠的工具和方法，目前，绝大多数对于道德两难决策的研究均采用功能磁共振成像（fMRI）的方法，重点考察不同任务条件下激活脑区的差异。通过功能磁共振成像技术重点考察情绪和认知对道德两难决策权衡的影响,丰富了道德两难决策权衡的相关理论。

(一)社会直觉理论

表 4-1　　　　道德判断的社会直觉模型 (摘自 Haidt,2001)

直觉系统	推理系统
快速并且不需要努力	慢速并且需要努力
过程是无目的的且自动运行	过程是有目的的且需要控制
过程不可访问;只有结果进入意识	过程是意识访问的,且可视的
不需要注意资源	需要有限的注意资源
并行分布加工	序列加工
模式匹配;思维是隐喻性的,整体的	信号管理;思维是真实保留的,分析的
对所有哺乳动物相同	对于 2 岁以上的人是特有的,也许可以是某些经过语言训练的猿
背景依赖的	背景独立的
平台依赖的(依赖于它所在的大脑和身体)	平台独立的(过程可以转化为遵循有机体或机制的任意规则)

Haidt 等人提出了道德判断的社会直觉论 (Social Intuitionist Theories) 的理论模型 (Haidt, 2001),该模型认为道德判断过程主要包括了直觉系统(情感的)和推理系统(认知的)这两种不同的加工过程(见表 4-1)。社会直觉模型虽然承认推理系统在道德判断中存在一定作用,但该模型认为一直以来道德推理的作用被过分强调了。道德推理所起的作用是远远不如直觉系统的,并且道德推理并不能产生道德判断。该模型认为道德判断大多数时候是由快速自动的道德直觉引起的,在某种程度上是自动的本能的反应,接下来才有可能是慢速的道德推理过程,而慢速的道德推理主要是在完成道德判断后为证实这一判断而进行的心理加工,对已完成的决策判断提供合理的解释(徐平、迟毓凯,2007)。

社会直觉理论的一个主要依据就是道德失声现象 (moral dumbfounding)。例如,当对兄妹乱伦是否正确的问题进行道德判断时,即使前提是采取了有效的避孕措施,并且也没有对双方造成心理上的伤害,但人们直觉上往往立即会判断出这样的行为是不对的,是不符合道德的。但当被问及该道德判断的依据时,人们却给不出合理的理由来(Haidt,

2001)。尽管有一些证据是支持社会直觉模型的,即道德判断是由道德直觉引起的,然而也有一些学者认为快速的无意识的直觉也有可能会受到有意识的推理的影响,而人们在面对道德两难事件时往往就征用了推理(Pizarro & Bloom, 2001)。

(二) 双加工理论

Greene 等人认为社会直觉模型低估了理性因素在道德判断中的作用。在此基础上,Greene 等人发展和提出了道德判断的双加工理论(Greene et al., 2004),即认为社会直觉模型中的直觉系统为情绪情感的反应,推理系统为认知过程,人们在道德决策过程中受到情感和认知两方面共同的影响。道德判断的双加工理论认为情感和认知在道德两难决策权衡过程中是两个不可分离且不断竞争的系统,其冲突和竞争的结果是可以生成两种不同性质的道德决策结果,一种是主要由道德情感驱动的类似于道义论的结果,另一种为受认知系统驱动的功利主义结果。Greene 等人通过经典的道德两难问题进一步考察了道德两难决策权衡的特点,并且通过功能磁共振成像的实验研究对道德判断的双加工理论进行了验证。

经典的道德两难决策问题主要考察人们对于伤害行为的决策判断。在 Greene 等人进行的研究中,经典的道德两难问题被分为涉及个人(personal)的道德两难情境与不涉及个人(impersonal)的道德两难情境以及与道德无关(non-moral)的两难决策问题。涉及个人的道德两难决策主要受社会情绪驱动,而不涉及个人的道德决策主要受到认知加工的驱动,受社会情绪的影响较小。Greene 等人指出(Greene et al., 2001),涉及个人的道德两难困境与不涉及个人的道德两难困境的差异主要体现在以下三个方面:第一,涉及个人类型的道德两难困境往往更多地涉及严重的身体上的伤害。第二,涉及个人的道德两难困境中的伤害往往危害到某个特定的人或者是一组人。第三,涉及个人类型的道德两难困境中的伤害往往不是由事先存在的条件造成的(例如转换开关这样的工具)。相反地,在不涉及个人类型的道德两难情境的语义中,操作者通常会使用中间工具,以此来降低自身的责任。例如,通过经典的电车困境(trolley dilemma)和人行桥困境(footbridge dilemma),我们可以看出不涉及个人的道德两难问题与涉及个人的道德两难问题之间的差异。人行桥困境为涉及个人类型的道德两难判断的经典例子,而电车困境为不涉及个人类型道德两难判断的例子。

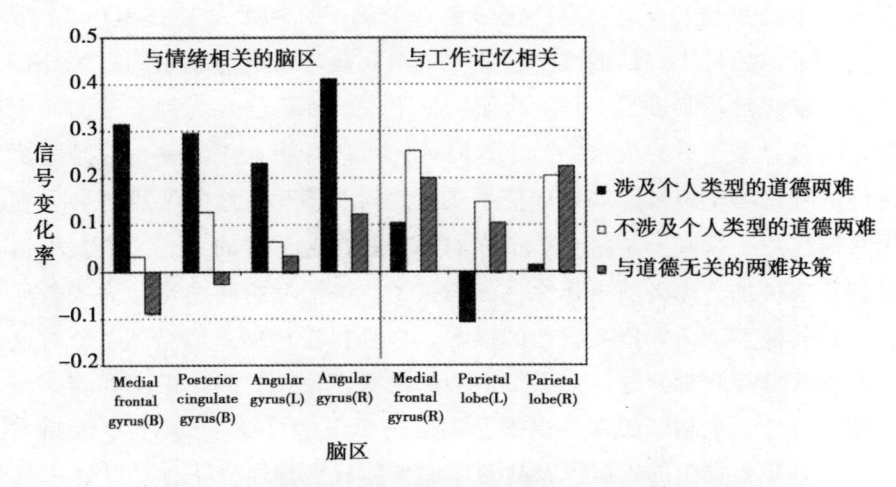

图 4.8 不同条件下激活的脑区 (摘自 Greene 等,2001)

无论是对于涉及个人类型的道德两难决策还是不涉及个人类型的道德两难决策,从不同角度来看,道德两难问题两方面的结果都是正确的。但人们普遍认为通过与受害者身体上的接触而带来伤害是不可行的,例如把人从桥上推下去带来的伤害是故意伤害,而推动转换开关带来的伤害可以看作是救人同时产生的负效应。研究者认为这两种类型的道德两难决策的主要差异就是个人情感的参与,想到把某人从桥上推下去而导致其被车撞死,要比想到推动一个开关产生更大的社会情绪的冲突,即使二者引发的结果是相似的。通过功能磁共振成像(functional Magnetic Resonance Imaging,fMRI)的方法,神经成像的实验结果支持以上的假设,Greene 等人的研究发现(Greene et al.,2001),人们在考虑人行桥事件这样的涉及个人的道德两难问题时更多地激活了情绪以及社会认知相关的脑区(例如:腹中前额区,VMPFC;杏仁核,Amygdala;脑岛,Insula 等),而从心理加工的角度来讲,不涉及个人类型的道德两难决策问题和与道德无关的两难决策问题更接近,考虑电车事件这样的不涉及个人类型的道德两难问题时更多地激活了认知相关的脑区(参见图 4.8)。

根据被试的反应时间,Greene 等人(2004)将涉及个人的道德两难问题进一步划分为困难的和容易的两种，即反应时间长的为困难的道德两难问题，反应时间短的为相对容易的道德两难问题。下面我们先来看看困难的涉及个人类型道德困境的一个例子（啼哭的婴孩困境）：敌军侵占了你的村庄。他们已经下命令要杀死该村庄所有剩余的村民。你和一些乡亲已经躲进了一栋大房子的地下室。你们已经听到了外面的士兵正在搜寻房子里的贵重物品。这时你的小孩开始大声啼哭，你赶紧捂住他的嘴来阻止声音。如果你把手从他的嘴上移开，他的哭声将会引起士兵的注意，这些士兵将会杀了你们所有躲在地下室的人。为了救你自己和其他村民，你必须捂死你自己的孩子。该情境的问题是：为了救你自己和其他乡亲，你捂死自己的孩子，你觉得这样做是否合适？面对这样困难的道德两难问题，几乎每个人都花费了较长时间来做出回答。现在考虑另外一个相似的弃婴事件：你是一个已经怀孕了的15岁未婚女孩。通过穿着宽松的衣服以及故意增肥，你成功地保守了你怀孕这一秘密。一天在学校，你跑进女卫生间，躲在里面几个小时，生下了你的孩子。而你并没有做好准备来照顾你的孩子。你简单地清理了女卫生间，用毛巾包好婴孩，把婴孩扔进学校后面的废物回收站，装作什么也没有发生过一样，你认为这样能减轻你的痛苦。该情境的问题是：为了继续你的生活，你把你的婴孩扔进了废物回收站，你觉得这样做是否合适？与啼哭的婴孩的例子相反，面对这样的问题，几乎所有的被试都很容易会判断扔掉孩子是不对的，大部分人很快就会做出决策。而面对啼哭的婴孩这样困难的涉及个人的道德两难困境，人们往往会犹豫不决。Greene 等人认为，杀死自己孩子的伤害行为会产生负向的社会情绪反应，情感的冲突使人们对捂死自己孩子的行为说不，但是抽象的推理和认知控制又推动人们做出功利主义的决策，即为了挽救更多人的生命，捂死婴孩是合适的。这就诱发了认知和情绪之间的相互竞争，促使被试需要更长的时间来解决这一冲突。功能磁共振成像的研究结果发现，相比容易的道德两难情境，困难的道德两难情境在前扣带回和背外侧前额区等认知相关的脑区有更高的激活水平（Greene et al., 2004）。

Greene 等人进一步考察了人们对于困难的涉及个人类型道德两难问题的决策判断（Greene et al., 2004）。该决策判断可分为两种类型：功利主义的判断和非功利主义（道义论）的判断。对于涉及个人类型的道德两难问题的功利主义决策允许我们以帮助他人为目的去伤害某人，前提是在没有更好的选择下总体的利益大于总体的伤害（即群体的利益最大化）。而非功利主义决策则遵循道义论的原则，认为无论如何伤害行为是不正确的，拒绝以帮助他人为目的去伤害某人，即使这样做可以使总体的利益最大化。例如有这样一个经典的道德两难困境：一个残忍的军官命令你做出如下的选择。由你杀死一个囚犯，或者由该军官杀死另外的十个囚犯（同时也杀死他命令你杀死的这个囚犯）。该军官还向你保证，无论你做出何种选择都不会有其他人知道。面对这样的情况，你该如何做出选择呢？

功利主义的标准实质上是一种效率原则（徐大建，2009）。功利主义的观点认为事件中的所有人是平等的，每个人的权重是相同的。从功利主义的角度来看，杀一个人是为了救更多的人，通过计算总的得失，一个人的死亡总比十一个人死亡的结果要好得多。为达到总目标或总结果的利益最大化，牺牲一个人来救十个人是最划算的。但是从道义论的角度来看，参与杀人的行为违背了道德直觉情感的原则，道义论的支持者不愿意去伤害他人，因此拒绝参与杀人的事件。

Greene 等人提出，人们在面对困难的道德两难判断时，情绪和认知在大脑中处于相互竞争的关系，因而人们往往需要较长时间来反应（Greene et al.，2004）。大脑可能会提出这样的问题：谁对谁做了什么？是否有人受到了伤害？这一伤害是不是故意的？伤害他人通常会引起负向的社会情绪，情绪在此过程中往往会引导道德决策判断，对决策起到驱动的作用。而认知在这一过程中也是十分重要的，实验结果表明，当人们做出功利主义判断而不是道义论的判断时需要的反应时间更长（Greene et al.，2004；Miller，2008）。这是由于在做出功利主义的判断时（例如：不得不牺牲一个人的生命去救多数人的生命），为了使更多的人获利，需要认可某一伤害行为是合适的。在这一过程中，想到伤害他人所产生的社会情绪存在着优势，需要克服这一优势的情绪反应，也就是说，功利主义的选择决策往往包含情绪冲突，因而需要更长的反应时间（Young & Koenigs，2007）。脑功能成像的实验研究进一步证实了这一观点。研究发现，与支持道义论的决策判断相比，人们在做出功利主义判断时，与认知冲突和初级推理相关的脑区（例如，ACC 和

DLPFC）更多地激活（Greene et al.，2004）。该结果从神经科学的角度支持了认知加工在功利主义决策过程中起重要作用。认知神经科学家对病人的研究也发现，相比正常人，腹中前额区脑区受损的病人更容易做出认可伤害行为的功利主义的判断。而腹中前额区这一脑区恰好与亲社会情感有关，这一脑区的损伤会导致内疚、移情等亲社会情感的缺失（Ciaramelli et al.，2007）。该结果支持了在道德两难决策过程中，认知和情感共同作用相互竞争的假说，正是由于腹中前额区脑区受损的病人相应情感的缺席，导致功利主义的决策判断在竞争中占了上风。

心理学家 Bargh 指出在道德两难决策权衡中的理性与情感之争（Bargh，1999），本质上是指道德判断是一个认知推理的过程还是一个由情感导向的直觉判断的过程之间的争论。而越来越多的研究表明，情绪和认知相关的脑区在不同的道德情境下均有不同程度的激活，在道德两难决策权衡过程中情绪和认知加工并存。道德两难决策权衡一方面受到社会情绪的影响和推动，而另一方面抽象推理也同样起到重要的作用。道德判断不是一个单一的过程，而是社会情绪和认知推理在道德环境中相互作用的一个复杂过程（Greene & Haidt，2002；Chelini，Lanteri & Rizzello，2009）。尽管使用不同的任务范式，但无论是简单的道德两难决策任务还是复杂的道德两难困境的决策判断，认知神经科学的研究得出了相似的对道德认知有贡献的功能网络（Prehn et al.，2008）：其中包括腹中前额区（ventromedial prefrontal cortex，VMPFC）、眶额回（orbitofrontal cortex，OFC）、颞极（the temporal poles）、杏仁核（the amygdala）、后扣带回皮质（the posterior cingulate cortex，PCC）以及后颞上沟（the posterior superior temporal sulcus，PSTS），而研究结果发现这些脑区既涉及情感加工过程又涉及认知相关的加工过程（Casebeer，2003；Casebeer & Churchland，2003；Moll，de Oliveira - Souza & Eslinger，2003；Goodenough & Prehn，2004；Lieberman，2007）。

（三）事件—特征—情绪复合模型理论

Moll 等人认为人们道德认知的神经机制不局限于前额区（PFC）、边缘脑区（limbic areas）或者是其他任何一个脑区，而是源于皮质—边缘系统网络中内容和背景相关表征的整合。基于此，Moll 等人提出了事件—特征—情绪复合理论（The event - feature - emotion complexes，

EFECs）（Moll et al., 2005）。该理论框架基于三个主要成分：（1）结构化的事件知识（Structured event knowledge）；（2）社会感知和功能特征（Social perceptual and functional features）；（3）核心动机或基本的情绪状态（Central motive states）（参见图 4.9）。其中，结构化的事件知识对应于前额区对事件或事件序列所进行的背景相关内容的表征。由于生活在复杂的社会环境中，当人们对自身的行为进行评价或在特定情境中鉴别自身行为时，往往会综合考虑外在的背景情境的因素。而前额区在加工结构化背景相关的社会和非社会的知识时起到非常重要的作用。前额区的不同亚区与表征事件序列的相关知识有关。例如，前额区的中部和后部与存储日常工作相关的事件知识有关，而前额区的前部对于存储长期目标或对未来设想以及制订计划等事件知识是至关重要的。社会感知和功能特征对应独立于背景的知识在颞叶的前部和后部的存储。当在社会环境中做出道德评价时，需要有效地从环境中提取出社会感知和功能特征。而颞上回（the superior temporal sulcus, STS）的后部是存储来自于面孔的表达、声调、身体姿势等方面社会感知相关特征的关键脑区。社会功能特征对来源于不同社会情境的这些独立于背景的语义特征知识进行编码，而前部颞叶（anterior temporal lobe）在语义特征知识的存储方面至关重要。核心动机或基本的情绪状态对应进取、伤心、依恋等情绪状态在边缘系统和旁边缘系统区域的激活。这一复合理论整合了皮质—边缘系统的大脑网络。例如，大脑皮质的表征使我们注意到某人受伤了，而核心动机或情绪状态使我们产生焦虑的情感，促使我们去帮助受伤的人。

（四）归因系统

道德加工网络除了情绪与认知相关的大脑活动外，还涉及归因系统的作用（罗跃嘉等，2013）。人们在日常生活中评价某些行为是否道德时，不仅会考虑该行为导致的后果，还会考虑当事人做出这一行为时的意图动机与出发点。借助于功能磁共振成像技术，认知神经科学家已发现众多与推断他人心理状态相关的脑区，其中包括颞顶联合区（the temporoparietal junction, TPJ）、后部扣带回（posterior cingulated cortex, PCC）、颞上回（superior temporal gyrus, STG）、边缘—旁边缘系统（limbic-paralimbic regions）、眶额叶皮层（orbitofrontal cortex, OFC）等

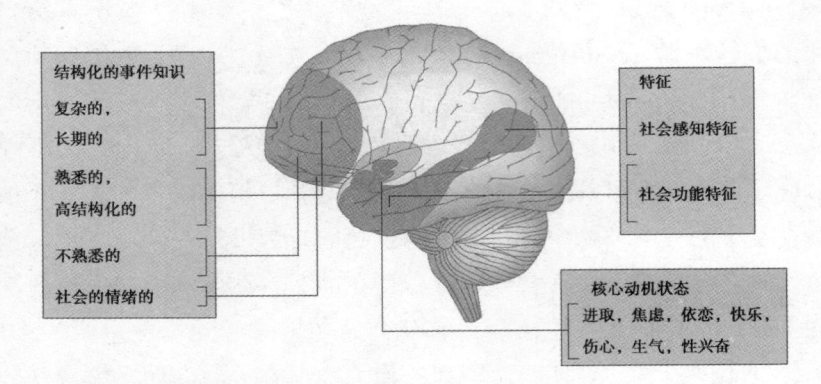

图 4.9　事件-特征-情绪复合理论（摘自 Moll et al.，2005）

(Vogeley et al.，2001；Ruby & Decety，2003；Saxe & Kanwisher，2003；Aichhorn et al.，2009)。

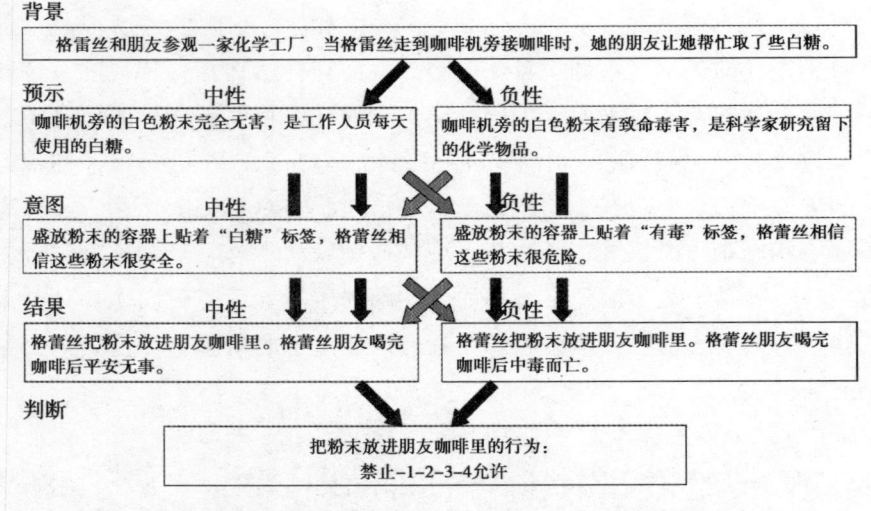

图 4.10　实验故事构成示例（摘自 Young 等，2007）

例如，借助于功能性磁共振成像技术，Young 等人（2007）考察了颞顶联合区（the temporoparietal junction，TPJ）对道德判断过程中动机意图作用的神经机制。Young 等人基于行为意图和结果的交互作用，设计了一项道德判断任务。该实验通过文字表述的方式向被试呈现故事场景，每个故事由背景、预示、意图和行为结果四个部分组成（参见图

4.10)。其中,"背景"主要对故事发生的情景进行介绍,"预示"主要包含对结果的预言信息,"意图"描述了故事中的主角对于情景的信念和想法,"行为结果"包含了故事主角实际做出的行为以及最后产生的后果。故事呈现完毕后,要求被试对故事主角的行为做出允许程度或谴责程度的道德判断。在实验设计上,第一个自变量"意图"和第二个自变量"结果"都有负性和中性两种情况,因此双变量2×2的交互作用就构成了4种不同的实验条件:无伤人(中性意图 & 中性结果)、意外伤人(中性意图 & 负性结果)、伤人未遂(负性意图 & 中性结果)和伤人成功(负性意图 & 负性结果)。该实验结果发现了显著的意图与结果间的交互作用:在中性意图下,被试对中性结果(即无伤人)和负性结果(即意外伤人)的道德判断有显著差异,而在负性意图下,无论是中性结果(即伤人未遂)还是负性结果(即伤人成功),被试都给予很高的谴责和很低的允许度。由此说明人们在做道德判断时,与结果相比,意图被放在了更重要的位置,或者说在意图和结果对于道德判断的共同作用中,意图加工占有更大的优势(Young et al., 2007;罗俊等;2017)

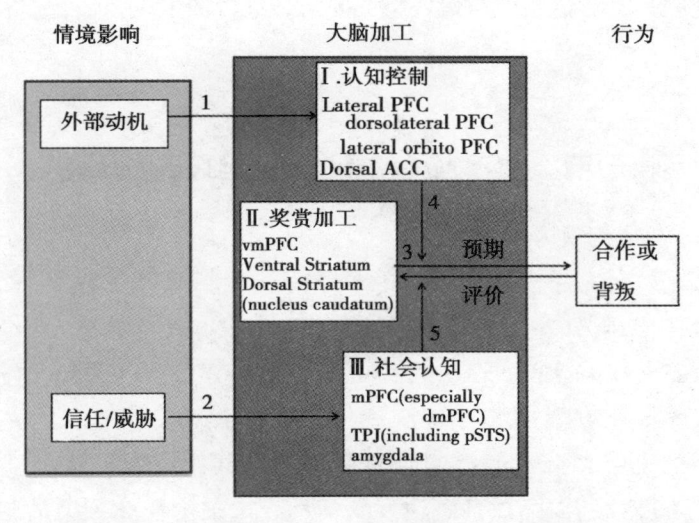

图 4.11 社会困境中合作决策使用的神经网络模型(摘自 Declerck 等,2013)

(五)合作与利他惩罚的脑机制模型

在一篇综述文章里,Declerck 等人(2013)指出,当人们面临社会困境时，有三个脑系统参与了合作性决策，分别为奖赏系统、认知控制系统和社会认知系统。认知控制系统负责对外部诱因进行加工，评估奖赏力度和惩罚等，与之相关的脑区有背外侧前额叶（Dorsolateral prefrontal cortex，DLPFC）、侧眶额叶皮层（lateral orbitofrontal cortex，LOFC）和背部前扣带回（Dorsal anterior cingulate cortex，dACC）等。奖赏系统则负责计算奖赏的可能性，与之相关的脑区包括腹内侧前额叶（ventromedial prefrontal cortex，vmPFC）、腹侧纹状体（Ventral Striatum）、背侧纹状体（Dorsal Striatum）和尾状核（nucleus caudatum）等中脑边缘系统。社会认知系统主要参与理解他人的意图和信念，涉及的脑区包括内侧前额叶（medial prefrontal cortex，mPFC）、颞顶连接处（temporo-parietal junction，TPJ）以及杏仁核（amygdala）等部位。并且这三个脑系统之间是相互联系的，在社会困境中，合作性的决策是认知控制和社会认知对大脑奖赏处理系统调节影响的结果（具体机制如图 4.11 所示）。个体面对社会困境时，由大脑的认知控制系统和社会认知系统共同对奖励加工系统进行调节，然后做出合作或不合作的决策。其中，奖赏加工系统需要认知控制系统和社会认知系统来引导。认知控制系统负责在外部诱因的基础上计算利益，社会认知系统则负责对情景中与信任相关的信号进行加工以评估合作和背叛的程度。

第三节 脑刺激（TMS、tDCS）研究

近年来，越来越多的认知神经科学家开始探索和关注脑刺激技术，尤其是经颅磁刺激（transcranial magnetic stimulation，TMS）和经颅直流电刺激（transcranial direct current stimulation，tDCS）这两种非侵入性的脑刺激技术。脑刺激技术（TMS、tDCS）的优点在于，能人为主动操纵某个区域的皮层兴奋性或抑制。而像功能磁共振成像（fMRI）等常用脑成像技术往往需要通过任务诱发脑活动，来确定任务相关的脑区。因脑刺激技术无痛、非创伤的物理特性，可以实现人类一直以来的梦想——虚拟地损毁大脑、探索脑功能及高级认知功能。

一 TMS 技术

经颅磁刺激技术（Transcranial Magnetic Stimulation, TMS）是一种无痛、无创、无损的脑刺激技术，磁信号可以无衰减地透过颅骨而刺激到大脑神经，实际应用中并不局限于头脑的刺激，外周神经肌肉同样可以刺激，因此现在都叫它为"磁刺激"。经颅磁刺激（Transcranial Magnetic Stimulation, TMS）的基本原理是把一个绝缘线圈放在头皮特定部位上，通过控制线圈中的脉冲电流，进而在线圈周围产生一个强有力而短暂的脉冲磁场，磁场刺激大脑皮层的特定区域，在大脑神经组织中产生感应电流，当感应电流超过神经组织兴奋阈值时，引起神经细胞去极化并产生诱发电位，从而产生相应的生理效应。经颅磁刺激既可以引起暂时的大脑功能兴奋或抑制，也可引起长时程的皮质可塑性调节（杨春林等，2016）。

经颅磁刺激技术（Transcranial Magnetic Stimulation, TMS）最早起源于 1985 年 Barker 等人的研究，通过磁场线圈刺激大脑皮质运动区，得到了运动诱发电位（Barker, 1985）。但限于当时的技术条件，只能得到单脉冲刺激。后来又有学者提出了重复经颅磁刺激（rTMS），并由美国的 Cadwell 公司首先生产出来（Pascual-Leone, 1991）。重复经颅磁刺激不仅可以刺激大脑运动皮层，还影响中枢神经系统的活动，与 TMS 相比更容易刺激脑颅深部，对皮层兴奋性能产生持久性效果，它的出现大大扩展了磁刺激的应用范围（许东滨，2018）。

从诞生到现在的几十年间，经颅磁刺激技术得到了快速的发展（李江涛、郑敏军、曹辉，2016）。首先，随着单脉冲磁刺激和双脉冲磁刺激的发展，可以使大脑皮层的神经元去极化来产生动作电位，并在皮层运动区产生运动诱发电位（Huang et al., 2005），来测量皮层的兴奋阈值和运动神经传导电流，用以刻画某些神经疾病导致的神经生理变化。随后，重复经颅磁刺激（rTMS）发展起来了，该技术扩展了磁刺激的应用范围（Fitzgerald, Sarah & Daskalakis, 2006）。目前，经颅磁刺激技术已被广泛用于临床神经生理学、认知神经科学、手术过程监测等领域。

二 tDCS 技术

经颅直流电刺激（transcranial direct current stimulation, tDCS）是一种常见的非侵入性的脑刺激方法，是通过在头颅外施加恒定、低强度直流电（通常是 1—2 mA）来改变大脑皮层的神经活动的技术。tDCS 的历史可以追溯到 19 世纪末，但是随着经颅磁刺激的广泛应用和关注，受磁刺激的启发，电刺激方法再次进入人们的视野。21 世纪初，德国科学家 Nitsche 和 Paulus（2000）运用电刺激方法，对初级运动皮层（M1）进行了可靠的控制，该研究的实验标准成为后来 tDCS 研究的范本，tDCS 作为安全、标准化的脑刺激方法成为近 10 年来认知神经科学研究中的一个热点（Karim et al., 2010；郭恒等，2016）。

tDCS 是通过凝胶海绵电极在头颅外施加微弱、持续性电流，常见的电流强度在 0.5—2mA 之间。tDCS 的刺激装置有两个电极板、供电电池设备和一个设置刺激类型输出的控制软件（参见图 4.12）。电极板分别为阳极（anodal electrode）和阴极（cathodal electrode），它们的刺激效果通常相反。通过控制软件，可以输出阳性（anodal）刺激、阴性（cathodal）刺激和伪（sham）刺激。阳极刺激可以增强大脑皮层的兴奋性，使静息膜电位去极化；而阴极刺激对大脑皮质产生抑制作用，使静息膜电位超极化；而伪刺激多为实验的对照刺激。阳极与阴极的放置形成一个环路。tDCS 的刺激效果有一定的持续性，其大小取决于刺激的强度和时长，一般认为从刺激结束后可以持续半小时至数小时（Antal et al., 2004；Nitsche & Paulus, 2000）

相比于 TMS，tDCS 是比较新的技术，具有一些独特的优势：(1) 技术与价格：一般来说，tDCS 设备小巧轻便，容易操作，且价格更低廉，更适宜家用以及医疗研究使用；而 TMS 技术一方面价格昂贵，另外对操作者要求较高。(2) 伪刺激：tDCS 设备可以很方便地设置伪刺激组，排除安慰剂效应；而 TMS 无法实施伪刺激，这使 tDCS 的结果更为客观。(3) 离线和在线刺激：tDCS 的电极能固定在头皮上，因而不受被试的头动影响，当被试接受刺激的同时需要执行运动或者认知任务时，tDCS 更适合；而 TMS 则需要长时间握住线圈进行定点刺激。

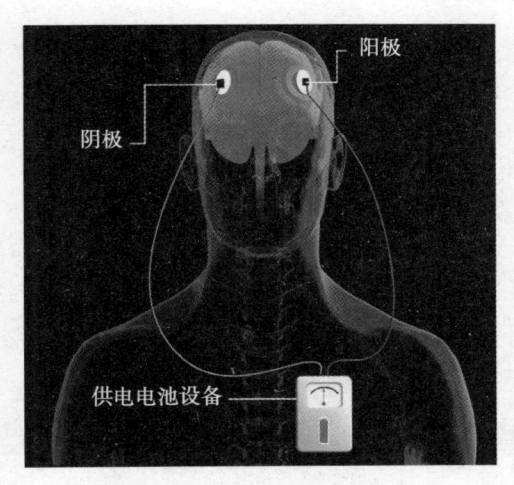

图 4.12　tDCS 设备简化说明

（4）每一套 tDCS 设备商家会提供不同大小的海绵电极供实验者选择，以适应不同的实验需求。而且 tDCS 设备可以同时刺激多个被试。
（5）安全性：一般来说，TMS 和 tDCS 如果合适使用的话，二者都是安全的。然而，tDCS 主要的副作用则是电极下暂时的皮肤反应，相比 TMS 而言要更安全一些（Priori et al.，2009；李雪姣等，2016）。

同时，tDCS 也有一些明显的不足之处。一方面，tDCS 的聚焦性要低于 TMS。大多研究中使用的 tDCS 电极板都是 5×7 cm，这对于需要定位的脑区而言面积过大。在激活目标脑区的同时，其附近的一些脑区也可能被激活。另一方面，大多数研究者将 tDCS 的两个电极都放置在头皮，但参照电极和目标电极都有电流，同样存在对脑活动的影响，引发脑区兴奋性的变化，导致不能很好地解释刺激目标脑区所得到的效果（张大山等，2015）。

三　道德两难决策权衡的脑刺激相关研究

在日常的道德判断中，我们不仅是根据行为所造成的结果做出裁定和判断，还通常需要考虑行为人背后的动机与意图。罗俊等（2017）通过 tDCS 技术对左右两侧 TPJ（temporoparietal junction，TPJ）区域进行干预，考察了被试在干预前后对涉及事件动机与结果的行为做出道德判断时的差异。该研究采用了一系列道德判断任务，任务是由意图和结果，以及负性和中性2×2双变量构成的四种不同条件的故事：无伤人、伤人未遂、意外伤人和伤人成功，被试需要对故事主角的行为做出谴责程度的道德判断。该研究结果发现，当人们在处理信念意图信息时，左右侧TPJ区域可能是协同互动、共同发挥作用的。在激活右侧TPJ并限制左侧TPJ的情况下，人们对负性结果的谴责程度变高，人们变得更加依赖于行为结果做出道德判断；而在限制右侧TPJ并激活左侧TPJ的情况下，人们对负性意图的谴责程度变高，人们变得更加依赖于行为者的动机做出道德判断（参见图4.13，（A）是接受右阳左阴tDCS刺激的被试在两个实验任务中在四种故事条件下给出的应受谴责度评分；（B）是接受左阳右阴tDCS刺激的被试在两个实验任务中在四种故事条件下给出的应受谴责度评分；（C）是接受伪刺激的被试在两个实验任务中在四种故事条件下给出的应受谴责度评分。置信区间为95%；星号代表被试内存在着显著差异）。

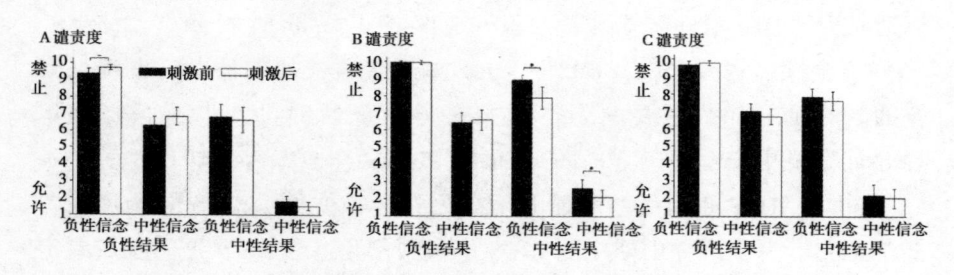

图4.13　三种刺激组刺激前后不同故事条件下的谴责程度柱状图
（摘自罗俊等，2017）

　　该研究虽为双侧TPJ在整合信念意图信息上的共同作用提供了重要证据，但该研究确实无法区分是右侧TPJ神经活动被干扰还是左侧TPJ的神经活动被干扰，导致了被试在道德判断中的决策发生改变，也无法说明左右侧TPJ区域在整合信念意图信息上哪一侧起的作用更大。为了进一步探究以上问题，仍需要通过单侧tDCS刺激方法，只刺激/抑制右侧TPJ区域或只刺激/抑制左侧TPJ区域，以观察被试在道德判断中有关信念意图故事条件下的谴责程度是否发生改变，从而得到右侧TPJ区域或左侧TPJ区域分布单独在整合信念意图信息上的作用。该研究发表于《心理学报》期刊。

　　采用经颅磁刺激（rTMS）技术，Knoch等（2006）考察了背外侧前额叶在最后通牒博弈中的作用。该研究采用被试间的设计，选取了52名被试。在进行最后通牒博弈任务前，给被试施加了15分钟的经颅磁刺激或者假刺激，刺激的位点选择了左侧背外侧前额叶或右侧背外侧前额叶。在实验中，提议者为人或计算机，被试作为最后通牒博弈的接受者。被试得到的出价2次为4，3次为6，2次为8，3次为10。而在实验后，被试需要判断每类提议的公平程度。实验结果发现，当提议者为人情况时，出价为4时的平均接受率为24%，出价为6时的平均接受率为67%，出价为8时的平均接受率为99%。对于施加假刺激组，出价为4时的平均接受率只有9.3%；左侧背外侧前额叶施加经颅磁刺激时的接受率为14.7%；而右侧背外侧前额叶施加经颅磁刺激时的接受率为44.7%（参见图4.14）。而右侧背外侧前额叶施加经颅磁刺激的情况下，37%的被试接受了所有不公平的提议，而这一情况在左侧背外侧前额叶施加经颅磁刺激和伪刺激情况都没有发现。因此，研究者认为右侧背外侧前额叶具有抑制自利动机，促使最后通牒博弈中实现公平决策的目标（Knoch et al.，2006）。

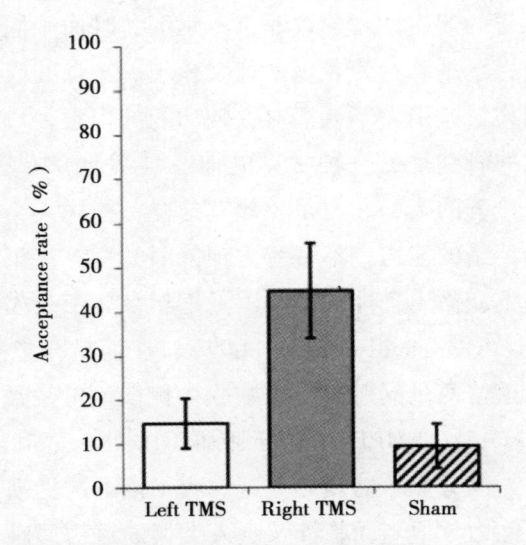

图 4.14 三种刺激组的接受率（摘自 Knoch et al.，2006）

第四节 脑损伤病人的研究

在神经科学史上,关于脑损伤病人最经典的案例源于一个叫盖奇的铁路工人。1848年,因为一场不幸,在盖奇身上发生了巨大的变故。在一次爆炸中,施工用的铁棒扎进了盖奇的左脸颊,刺穿了他的大脑前部,进而迅速穿透了他的脑顶。令人惊叹的是,盖奇并没有在爆炸中立即丧生,并且在医生的救治下奇迹般地存活下来。而且盖奇还能正常地说话、行走和思考,这一切都让人啧啧称奇。但是,不久后,人们发现,盖奇的性情、喜好、梦想和抱负全都改变了,他的躯体痊愈了,但是好像被另一个灵魂占据了。事故之前的盖奇是一个性情温和的人,大家都觉得他是个机灵、聪明的生意人,对待工作有始有终且充满干劲。但是,事故之后,盖奇在理性能力与动物本能之间维持平衡的能力被摧毁了。他表现得喜怒无常、不恭敬、放纵且粗俗,他不再尊重他的同事,对违背他意愿的规定或者建议非常不耐烦,时而顽固不化、时而变化无常。他的智力水平和行为表现就像个孩子。盖奇的人格改变是因为特定区域的脑损伤,这引发了人们对大脑功能的探索。

脑损伤病人的研究是另一种常见的神经科学研究方法。人们常说,明智的决策源于冷静的大脑。但是,却有这样一些病人,他们因疾病或事故丧失了感受情绪的能力,不过智力却依旧健全,甚至高于常人。奇怪的是,他们却不能做出理性的决策了。近年来关于病人的功能磁共振成像的研究表明(Ciaramelli et al., 2007),在面对与道德无关以及不涉及个人类型的道德两难问题时,大脑腹内侧前额叶皮质区域(ventromedial prefrontal cortex,VMPFC,位于眼眶上方的前额叶皮质区域)受损的病人与正常人没有显著的差异。这说明了该脑区受损病人表现出正常的逻辑和推理能力。但当面临涉及个人类型的道德两难问题时,大脑腹内侧前额叶皮质区域受损的病人则比正常人更愿意做出认可或赞同伤害行为的决策,并且他们做出这种认可伤害行为的决策所需要的反应时间也更短。研究者们认为,腹中前额区这一脑区与情绪和社会认知有关(Amodio & Frith, 2006),该脑区对道德判断起着至关重要的作用,这一脑区的损伤可能会导致情绪缺陷，也就是通常所说的情感钝化（emotional blunting），会导致对世界尤其是对个人选择正常情绪反应的缺失（Damasio, Tranel & Damasio, 1990）。心理学家们指出，在考虑涉及个人类型的道德两难决策问题时，腹中前额区对反对涉及个人类型的道德违背的决策非常关键，这一脑区的损伤可能导致亲社会情感（如内疚、怜悯及移情）的衰减缺失，引发对道德规范缺乏应有的关注以及异常的道德行为，使这些病人更加倾向于冰冷理智的功利主义选择决策（Saver & Damasio, 1991; Bechara, 2005; Moll et al., 2005）。

在 Koenigs 和 Tranel 关于公平的研究中，实验采用最后通牒博弈的实验任务，被试选择了 7 名腹内侧前额叶皮层 VMPFC 脑区受损的被试（这些被试有着正常的智力、记忆和执行功能），14 名除腹内侧前额叶皮层之外其他脑区受损的对照组（brain-damaged comparison group，BDC）和 14 名正常对照被试。其他脑区损伤患者的受损脑区主要是与情绪无关的脑区。实验中提议者的出价从公平（给 5 美元，保留 5 美元）到极度不公平（给 1 美元，保留 9 美元）不等。研究结果发现，相比其他对照组，对于不公平的出价（7 美元／3 美元、8 美元／2 美元、9 美元／1 美元），VMPFC 脑区受损组的拒绝率更高（参见图 4.15）。这些结果表明，VMPFC 脑区提供的情绪调节过程是正常经济决策的重要组成部分（Koenigs & Tranel, 2007）。

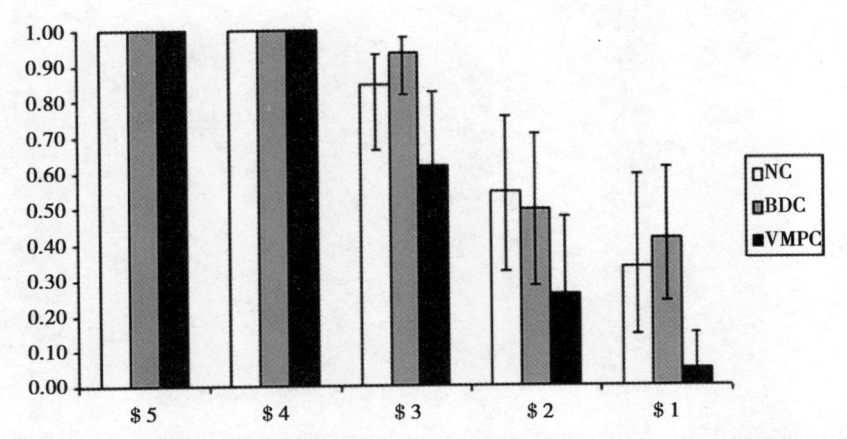

图 4.15 三组最后通牒博弈的接受率（NC，正常对照组；BDC，其他脑区受损者；VMPC，腹中前额区脑区受损者）（摘自 Koenigs & Tranel, 2007）

脑损伤病人的研究从另一个角度证明了情绪调节在道德两难决策权衡中的作用。基于历史记载和实验室研究证据，Damasio 等人得出以下初步结论：(1) 如果脑损伤包括双侧腹内侧前额叶区域，那么该损伤会伴随推理能力损伤/决策和情绪损伤/感受损伤。(2) 如果出现推理能力损伤/决策和情绪损伤/感受损伤，但其他心理能力大致完好，则脑损伤最严重的区域应该是腹内侧区域，并且个人/社会领域的决策缺陷是最严重的。(3) 如果脑损伤病历的背侧和外侧前额叶相较于腹内侧前额叶损伤程度差不多或更多，则伴随的推理/决策损伤将仅仅局限在个人/社会领域。物体、字母、数字测试表明，这类脑损伤患者除了情绪/感受损伤，还伴有注意和工作记忆损伤（达马西奥，2018）。

第五章

道德两难决策权衡的跨文化研究

第一节 东西方的文化差异

在社会心理学的研究领域中，东西方社会的文化差异是广泛存在的。据文献报道，东方人和西方人在对自然界事物的注意和感知方面存在着差异（Nisbett & Masuda，2003；Kitayama et al.，2003）。相比西方人更多地注意凸显的前景事物，东方人则更多地注意背景事物，这与东方人更注重事物之间的联系有关。例如，通过实验，Masuda 等人分别向日本人和美国人呈现一段描述水下景物的录像（Masuda & Nisbett，2001）（参见图 5.1）。当被试被问及他们看到了什么的时候，美国人首先描述的是凸显的前景事物。而相比美国人，日本人更多地提及背景事物的信息，并且更多地提到前景事物和背景事物之间的关系。当要求被试判断新呈现的图片中的事物是否和刚才呈现过的事物一致时，相比美国人，日本人的成绩更多地受到背景环境变化的影响。

研究者认为，由于文化会影响到在社会环境中成长的个体，因而不同文化背景的人们感知世界的方式可能存在着差异，导致他们所看到的、感受到的以及关注的内容是不同的（Nisbett & Masuda，2003）。换句话说，东西方人可能以不同的方式，感知着世界的不同部分。Chua 等人通过眼动的实验研究进一步证实了这一结论（Chua et al.，2005）。他们的研究结果发现，中国人和美国人的眼动模式是不同的。相比中国被试，美国被试更早地注意到前景事物，并且注视前景事物的时间也更长。而中国被试则比美国被试用了更长的时间来注视背景事物。中国被试更多地关注背景环境因素可能与东方人生长在相对复杂的社会环境有

图 5.1　水下场景照片（摘自 Nisbett & Masuda，2003）

关，而相比之下，西方人生活的社会环境相对宽松，被试不需要对背景环境因素投入那么多的关注。通过对中美被试眼动的文化差异的研究，说明了东西方被试在观看事物时的注意分配是不同的，因而文化差异也有可能影响到东西方人的初级认知。

　　东西方人的思维方式也存在着广泛的差异。一些学者指出，中国人的思维方式倾向于整合辩证，注重事物之间的联系，而西方人的思维方式注重逻辑分析。Peng 和 Nisbett 等人通过一系列的研究发现，相比美国人，中国人面对明显冲突的命题时感觉更加舒服（Peng & Nisbett，1999）。研究选取对于中美两国被试同样不熟悉的且蕴含明显冲突的谚语（例如：过分谦虚差不多就是骄傲，too humble is half proud），中国人比美国人表现出更大的喜好。研究者发现，当面对人际和内心的冲突时（需要做出二选一的正误判断的选择），中国人比美国人更愿意提出折中的解决方案。当面对明显包含冲突的命题时，中国被试往往试图去寻找两方面的正确性，而美国被试则倾向于拒绝一方面而支持另外一方面。

　　东西方人在事物关系范畴的认知方面存在着文化差异。以往的研究表明，东方人倾向于基于事物之间的关系和家族相似性，来对事物或事件进行分类；而西方人的分类方法则倾向于基于规则和范畴。在一项跨文化的实证研究中，Chiu 等人分别向中国儿童和美国儿童呈现如图 5.2

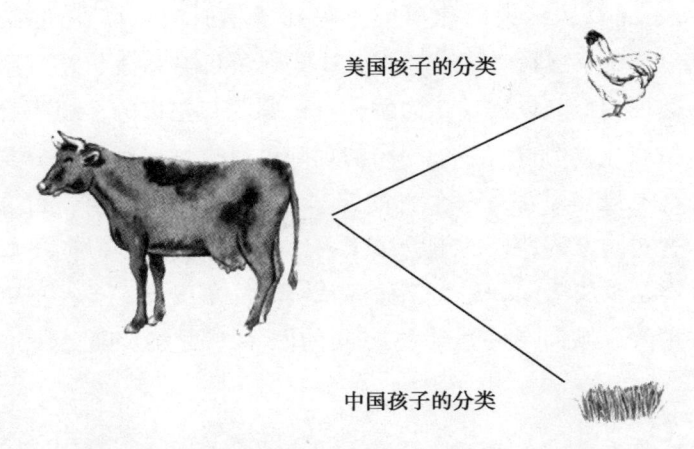

图 5.2 中美儿童分类差异的一个例子（摘自 Nisbett & Masuda, 2003）

所示的三个一组的一些实验刺激，要求他们把三种事物中的两种归为一类（Chiu, 1972）。实验结果发现，在图 5.2 所示的例子中，美国儿童倾向于把鸡和牛归为一类，理由是鸡和牛都是动物；而中国儿童则更多地倾向于把牛和草归为一类，理由是牛是吃草的。再比如，当要求把男人、女人、孩子中的二者进行归为一类时，美国儿童倾向于把男人和女人放在一起，理由是他们都是成年人，而中国儿童则倾向于把女人和孩子放在一起，理由是母亲可以照顾孩子。也就是说，相比欧美人，中国人更注重事物之间的联系。

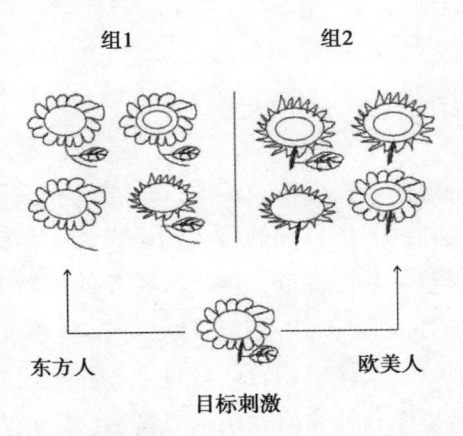

图 5.3 东西方人归类差异的一个例子（摘自 Nisbett & Masuda, 2003）

Norenzayan等人的跨文化研究也得到了相似的结果（Norenzayan et al.，2002）。在该实验研究中，要求被试判断目标刺激与左右两组刺激中的哪一类更相似。以图5.3为例，目标刺激与左边的一组事物具有明显的家族相似性，但也有一个相同的规则可以把目标刺激划分到右边一组的范围（共同点是都有一个直的花茎）。实验结果表明，东方人倾向于认为具有相同家族特性的事物属于一组，而欧美人则倾向于应用规则来判断事物是否属于同一组。该研究从实验的角度证实了在把事物进行归类时，东方人倾向于注重事物之间的联系，西方人则更注重规则的应用。

在跨文化的研究中，个人主义和集体主义被认为是文化差异中最有用和最有力的维度，对解释社会行为的多样性起到重要作用（Triandis，1995）。由于历史条件、地理环境、生产方式以及社会结构的不同，中西方往往存在着文化以及思维方式的差异。人们普遍认为以中国文化为代表的东方文化是集体主义文化，而欧美文化则为典型的个人主义文化。心理学家Triandis指出，文化差异主要在于人们从环境中所提取出的信息不同。个人主义文化所提取的大部分是个体相关的特性，而集体主义文化则更多地提取了相互关系、职责和义务等（Triandis，1999）。

个人主义文化把个体看作社会生活的基本单元，是指自我独立于其他人的趋势，个人主义的个体严格区分自我和其他人，其中包括家人。个人主义更多地强调注重个体的独立性，与社会、集体的关系较为松散，对集体的依赖性也比较弱。个人主义关注为实现个体目的的行为结果。这种关注个体态度、个人需求以及个人权利的认知方式引导了绝大多数的行为。

集体主义则是指把自我视作与其他人相互依赖关系的趋势。集体主义关注实现群组或者是团体目标的行为结果，为了实现团队的福利甚至愿意牺牲个人的利益。关注规范、责任和义务的认知方式引导了集体主义大多数的行为（Thomas et al.，2003）。在集体主义社会中的人们经常愿意把自己放到一个团体中，以区分自己人和其他人，他们强调社区和集体的和谐，与集体和社会的联系也更紧密，依赖性也更强。中国自古便有"四海之内皆兄弟"和"一个好汉三个帮"这样的谚语，强调的就是集体或团队的关系。儒家文化对中国的传统文化存在着比较深远的影响。而儒家思想的核心之一便是"仁",有学者将其拆分为"二"和"人",也意味着强调人与人之间的联系。集体主义社会和个人主义社会的人们在面对成就时的表现也存在不同。例如,中国人在受到赞扬时往往表现得很谦虚,经常提到离不开他人的帮助,应归功于他人;而强调个性的西方人则不同,他们认为成功是个人能力与努力的结果,在受到表扬时经常表示感谢和赞同,以表示对别人鉴赏力的尊重(杨蓉,2004)。

综上,东西方人的文化差异是广泛存在的,他们在注意感知等初级认知层面存在着差异,而注意资源分配的差异又进一步影响到其他高水平认知的差异。大量的研究表明,不同文化背景的人们在选择偏好和决策等方面也都存在着差异(Triandis, 1999; Nisbett et al., 2001; Nisbett & Masuda, 2003; Wang & Ollendick, 2001; Hong & Mallorie, 2004; Tang et al., 2006)。例如,在有关帮助决策方面,尽管在不同的文化环境中,帮助行为是共同的并且都得到赞赏和提倡,但是帮助行为本身以及帮助行为的动机却有可能受到不同文化的影响,存在着文化差异(Markus & Kitayama, 1991; Barrett et al., 2004; Lau et al., 2013)。致力于东西方跨文化研究的心理学家指出,在做出帮助决策过程中,美国人往往更注重个人的性情,认为做出帮助的决策判断是个人的选择,而东印度人(来自集体主义社会)则更多地考虑到社会环境的因素,把帮助决策看作一种道德责任(Miller & Luthar, 1989; Morris & Peng, 1994; Lee, Hallahan & Herzog, 1996; Morris, Menon & Ames, 2001; Choi et al., 2003; Mason & Morris, 2010)。由于社会环境可以引导人们的道德评价和道德决策,因而,不同的文化背景很有可能会影响到人们关于道德的认知判断以及决策权衡过程(Kohlberg & Candee, 1984)。

第二节 跨文化的研究案例

以往的研究采用经典道德两难困境的实验范式,借助功能磁共振成像的方法,发现人们在处理涉及个人类型与不涉及个人类型的道德两难困境时,与认知和情绪相关的多个脑区参与了道德两难决策任务的加工，且两种不同类型的道德两难决策任务所激活的脑区存在着差异（Greene et al., 2001）。然而，受限于功能磁共振成像技术的时间分辨率不高，并没有太多的关于道德决策权衡的时间动态过程的报道。而事件相关电位的研究方法由于具有无创性和较高的时间分辨率，经常被用来考察认知和情绪加工相关的时间特性（Decety & Keenan, 2006），是评价决策反应前的认知和情绪加工过程的有效方法。案例三的实证研究通过事件相关电位的研究手段，考察了道德两难决策权衡过程的时间特性。另外，在社会心理学领域有关文化差异的大量的研究指出，人们的认知、情绪、动机等都容易受到文化的影响（Markus & Kitayama, 1991; Hernandez & Iyengar, 2001），包括人们对好坏的判断以及对道德的认知都可能与文化有关（Rozin, 2003）。不同文化环境的人们在感受世界、选择偏好和决策等方面都有可能存在着差异（Triandis, 1999; Nisbett et al., 2001; Nisbett & Masuda, 2003; Thomas, Au & Ravlin, 2003）。因而，案例三的研究分别选取了来自东西方不同文化背景的被试，借助于事件相关电位技术，考察他们在道德两难决策权衡过程中是否存在着差异。同时，案例三的研究还应用了标准低分辨率电磁断层成像溯源定位的方法，对发现差异的 ERP 成分进行溯源定位分析，分别从大脑在道德两难决策过程中的时间和空间维度对东西方文化差异进行研究。

案例三的实验主要探讨在道德两难决策过程中，来自中国和欧美国家的被试面对涉及个人和不涉及个人两种不同类型的道德两难决策时反映在电生理学层面的差异。该实验通过 ERP 波形反应时间特性相关的差异，并通过使用 sLORETA 溯源分析的方法定位 ERP 成分的相关脑区。从神经激活的时间和空间角度分析了中西方被试面对道德两难困境时的文化差异。实验结果发现在进行道德两难判断时，西方被试诱发了明显的 P2 成分和 P3 成分，而中国被试诱发了明显的 P260 成分。并且通过 sLORETA 溯源分析发现，西方被试诱发的 P2、P3 成分与中国被试诱发的 P260 成分的激活脑区是不同的，P2、P3 成分的源主要位于扣带回和中前额区，而 P260 成分的源则主要定位在楔叶（cuneus）、海马旁回（parahippocampal gyrus）、后扣带回（posterior cingulate）以及楔前叶（precuneus）区域。实验结果表明，东西方被试在道德两难决策过程中的信息加工模式是不同的，西方被试可能更早地进入决策启动阶段，而中国被试在进行道德决策判断时倾向于采用一种相对整合的信息加工方式。

此外，考虑到经典的道德两难困境是基于假想的情境，且一些假想情境中的伤害行为与日常的现实生活存在一定的差距，因而，接下来本章还考察了道德的另外一个重要方面——公平性。相比经典的道德两难困境，公平和效率权衡的道德两难题材更加贴近现实生活。被试在做出捐助决策时，需要在想要捐给更多的孩子（公平性）以及捐助更多的数量（效率）之间做出权衡。同时，考虑到在现实生活的捐助决策中，捐助者与待捐助者的社会距离往往会影响到捐助决策的结果（Kogut & Ritov, 2007）。因而，案例四的实证实验研究引入了种族文化的因素，考察了种族内外（racial in-group/out-group）的因素对人们分配决策过程中公正性的影响。同时，案例四的实证研究记录了这一过程中的脑电数据，通过事件相关电位的分析，来考察大脑在这一两难决策权衡过程中的时间动态特性。

具体来说，案例四是考察了种族内外（racial in-group/out-group）的因素对公平效率权衡的道德两难决策影响的 ERP 实验研究。该实验研究考察了道德的另一个重要方面——公平性。该实验内容选择了更加贴近现实生活情境的两难题材，并使被试意识到自己的捐助分配决策会产生真实的影响。同时，实验引入了种族文化的因素。考察人们的分配公正性是否受到种族文化因素的影响，并记录了在这一决策过程中的脑电数据。在实验中，被试面对两组来自不同种族的需要帮助的儿童，在种族文化因素的影响下，做出捐助分配的决策。实验结果表明，种族文化的因素确实影响了被试在捐助决策过程中的分配公正性，人们更容易做出有利于自己种族内成员的决策。相比种族文化因素与公平因素冲突的情况下，在二者一致的条件下人们更容易做出倾向于公平的选择。并且被试在种族文化的因素与公平因素不一致的情况下比一致的情况花费的反应时间更长。同时，种族文化因素与公平因素不一致时诱发了更大的 P300 和晚成分正波（LPP），表明相比种族因素与公平因素一致的情况，二者不一致的情况调用了更多的注意资源或者认知努力。

综上，案例三的研究从大脑反应的时空分析的角度出发，考察了东西方人在道德两难决策过程中的文化差异。结合 ERP 高时间分辨率的优势，以及 sLORETA 溯源分析的方法，得出东西方人在道德两难决策过程中的信息加工方式是不同的，西方人更早地进行决策启动，中国人倾向于采用相对整合的加工策略。案例四的研究考察了种族文化的因素对分配决策公正性的影响。通过捐助分配的 ERP 实验研究，发现种族文化的因素影响了人们分配决策的公正性，人们更愿意做出有利于自己文化群组内成员的决策。当种族文化的因素与公平因素不一致时，需要诱发更多的注意资源或者是认知的努力来解决这一冲突。案例五的研究则通过中美两组不同文化背景被试的捐助行为，主要探讨了在捐助决策过程中中西方的文化差异。

一 实证案例（三）道德两难决策中的中西方文化差异

（一）引言

近年来，越来越多的文献研究试图揭示道德两难决策过程中潜在的认知神经机制（Greene et al., 2001; Greene et al., 2004; Sarlo et al., 2012）。一般来说，道德两难决策是一个相对复杂的情境，涉及在两个同样令人纠结的选项之间做出选择决策，而这一过程往往会引起道义论（非功利主义）和功利主义反应之间的冲突。例如，在一个经典的涉及个人类型的（personal）道德两难情境中（人行桥困境），想要从电车下救助五名工人的唯一办法就是把面前的高大男人从桥上推下去。该男人的身体会落到铁轨上，卡住行驶而来的电车，五名工人会得救，但这种方法会杀死这个人行桥上的男人。与之对应的另一个道德两难困境是不涉及个人类型的（impersonal）电车困境。在该情境中，想要从行驶而来的电车下救助五名工人的唯一办法就是推动一个转换开关。该转换开关可以把电车引向另一轨道，这五名工人会得救，但另一轨道上的一名工人则会被电车撞死（Greene et al., 2001; Thomson, 1986）。面对以上两种不同类型的道德两难困境，道义论的选择决策都是遵循道德直觉的情绪反应，对伤害他人的行为持否定态度，拒绝功利主义的选择决策。而功利主义的选择决策则认为，执行这一伤害行为的方案是可行的，因为这样可以最优化好的结果，但是在这一过程中需要克服由伤害他人带来的社会负向情绪反应。

对于涉及个人和不涉及个人两种不同类型的道德两难情境，尽管假定的行为所产生的结果是相似的，但是研究者认为该两种类型的道德两难决策的驱动机制是不同的。先前的研究已经表明（Greene et al.，2001），大部分人在电车两难困境中表示愿意去推动转换开关，但在人行桥困境中却不愿意把别人推下桥。功能磁共振成像的结果指出，人们在考虑涉及个人类型的道德两难困境时，更多地激活了情感相关的脑区，而不涉及个人类型的道德两难决策任务激活了更多的与问题解决以及工作记忆相关的脑区。在道德两难决策过程中，认知和情感同样有重要的贡献，共同影响道德两难决策的结果。在困难的道德两难困境中，道义论的决策起源于中前额区的情绪反应，而做出功利主义的选择结果则是通过对情感的抑制达到的（李健、王艳、唐一源，2011），基于背外侧前额区的认知控制（Moll J，de Oliveira-Souza，2007）。也就是说，道德两难决策权衡并非一个单一的过程，而是一个更加复杂的情绪反应和认知推理这两种不同类型的加工交互作用的过程。

无论是对涉及个人还是不涉及个人的道德两难决策，每一种选择决策都会导致不同的结果。而以不同的角度来看，哪一方面的选择决策都是正确的。如果采用功利主义的思维方式，我们将会得出牺牲一个人救五个人是明智的；然而，遵循不去伤害他人的道德直觉原则也同样是正确的。由于人们道德观念的形成往往与其所在的文化环境有关，而文化具有鲜明的个性，不同文化间的差异往往是广泛的，因而，人们的道德决策很可能会受到不同文化的影响（Rozin，2003）。在考察人们的道德两难决策时，文化这一因素应该被考虑进来。文化这一词起源于人类学的领域，包括人类现象中不能归因于基因遗传的部分。文化本身，并不是指基因或是个体的行为，而是一个群体的层面。它由同一个社会群组成员所共享的价值观念、态度、信仰以及行为意义构成（Thomas et al.，2003）。近年来，人们逐渐意识到文化对社会心理学研究的重要性。一些研究者指出，社会心理学的某些研究结果局限于特定的文化背景（Triandis，1999；Wang & Ollendick，2001）。由于东西方人在经验、专长、社会化等诸多方面存在广泛的差异，跨文化的比较研究逐渐受到心理学家的重视。通过跨文化的研究，我们不仅可以更深刻地认识一些社会现象，而且更有助于我们加深对自身文化的认识和理解。正如著名的心理学家Triandis所说，如果不与其他的文化相接触，我们就不能更好地了解自己的文化（Nisbett et al.，2001；Wang & Ollendick，2001）。

在社会心理学领域中，尽管道德两难决策和文化差异的研究是两个非常重要的主题，但是关于道德两难决策潜在脑机制的跨文化研究却比较少，人们对道德两难决策潜在的脑机制及时间特性的文化差异的认知并不是很清晰。本研究整合了事件相关电位技术和标准低分辨率电磁断层成像溯源分析的方法，试图揭示中西方被试在道德两难决策过程中潜在的神经激活的时间和空间特性的差异。事件相关电位的研究方法具有较高的时间分辨率，而标准低分辨率电磁断层成像溯源分析的方法对于估计ERP成分的激活源是一种有效的方法（Shao et al.，2012）。基于东西方普遍存在的文化差异，本研究预期在解决道德两难问题时，中国人和西方人也许会表现出不同的模式，并且这种差异，很可能体现在道德两难决策过程中潜在的神经激活这一层面上。

（二）研究方法

1. 被试

20名中国高校学生（男15人，女5人，平均年龄24.8岁，年龄范围20-28岁）和19名西方国家的高校学生（男11人，女8人，平均年龄22.2岁，年龄范围19-32岁，来自美国）参与了本实验研究。所有被试均为右利手，身心健康，无心理疾病，视力或矫正视力正常。每一名被试均填写了实验知情同意书，了解了实验相关事宜。实验结束后获得了适量的报酬。

2. 实验刺激和流程

本实验包括40个道德两难情境，分为涉及个人的道德两难情境和不涉及个人的道德两难情境两种类型（Greene et al.，2001；Greene et al.，2004；Koenigs et al.，2007）。实验的试次通过E-Prime软件（1.1版本）生成和控制。每一个道德两难情境均以句子的形式（白底黑字），分为三个屏幕呈现在电脑显示器上。前两个屏幕的内容为描述道德两难情境的语义，第三屏以提问的形式向被试询问该情境下的某一行为是否是合适的，要求被试通过按键做出选择合适或选择不合适的选择决策。

所有的被试都是单独进行测试的，每一个被试头戴与脑电设备连接的脑电帽，端坐在无任何噪声且光线适度的实验室中，面对电脑屏幕完成整个实验任务。在实验开始前，被试被告知实验过程中应尽量减少动作和眨眼以避免伪迹的产生。对于每一个被试，道德两难困境的语义均以他们各自的母语（汉语或英语）呈现。每个被试都根据自己的阅读速度来进行，按键由第一屏进入第二屏，再由第二屏进入第三屏。读完第三屏之后，被试通过右手的食指和中指按一个双按钮的反应盒来对所提问题进行决策判断。被试按键反应后，出现一个持续 8s 的空屏，随即出现下一个道德两难情境问题。为了使被试熟悉实验操作，实验提供了三个练习的试次。在正式实验开始前，被试可以就实验相关问题向实验的主试进行询问。正式实验记录了被试的行为数据和脑电数据。

实验结束后，实验的主试向被试表示感谢，并付给被试相应的酬金。

3. 脑电记录和分析

本案例实验的脑电数据通过德国 BP 公司（Brain Products GmbH）的 64 导的脑电记录系统来采集。头皮表面的电极的位置放置符合国际 10-20 系统标准。其中，FPz 电极为接地电极，参考电极 FCz 位于中线上电极 Fz 和电极 Cz 之间。采样率为 500Hz。垂直眼电通过置于左眼眼眶上下方的电极来记录。

离线脑电数据分析通过德国 BP 公司的分析软件 Brain Vision Analyzer 来完成。所有电极的数据和眼电的数据都是基于双侧乳突的均值（电极 Tp9 和电极 Tp10 的平均信号）进行了重新参考（re-reference）。脑电信号的带通滤波设置为 0.05-80Hz，陷波 50Hz。眼电的伪迹根据记录眼电的电极的信号来剔除。幅值超过正负 80μv 的眼电和其他电极的信号被视为伪迹剔除。脑电数据依据决策问题出现的时间点进行分段，分段的时间长度为 1200ms，包括决策问题出现前的 200ms，以及之后的 1000ms。接下来，所有分段进行了 30Hz 的低通滤波。每种刺激类型的平均值通过每一个被试在每一条件下的所有实验试次的平均获得。基线矫正选取的是决策问题出现前 200ms 的时间段，每一段 EEG 信号减去问题出现前 200ms 的脑电信号的均值。对于中美两组被试，每组被试在每种条件下（涉及个人的道德两难困境 vs. 不涉及个人的道德两难困境）的平均值构成总平均的事件相关电位。

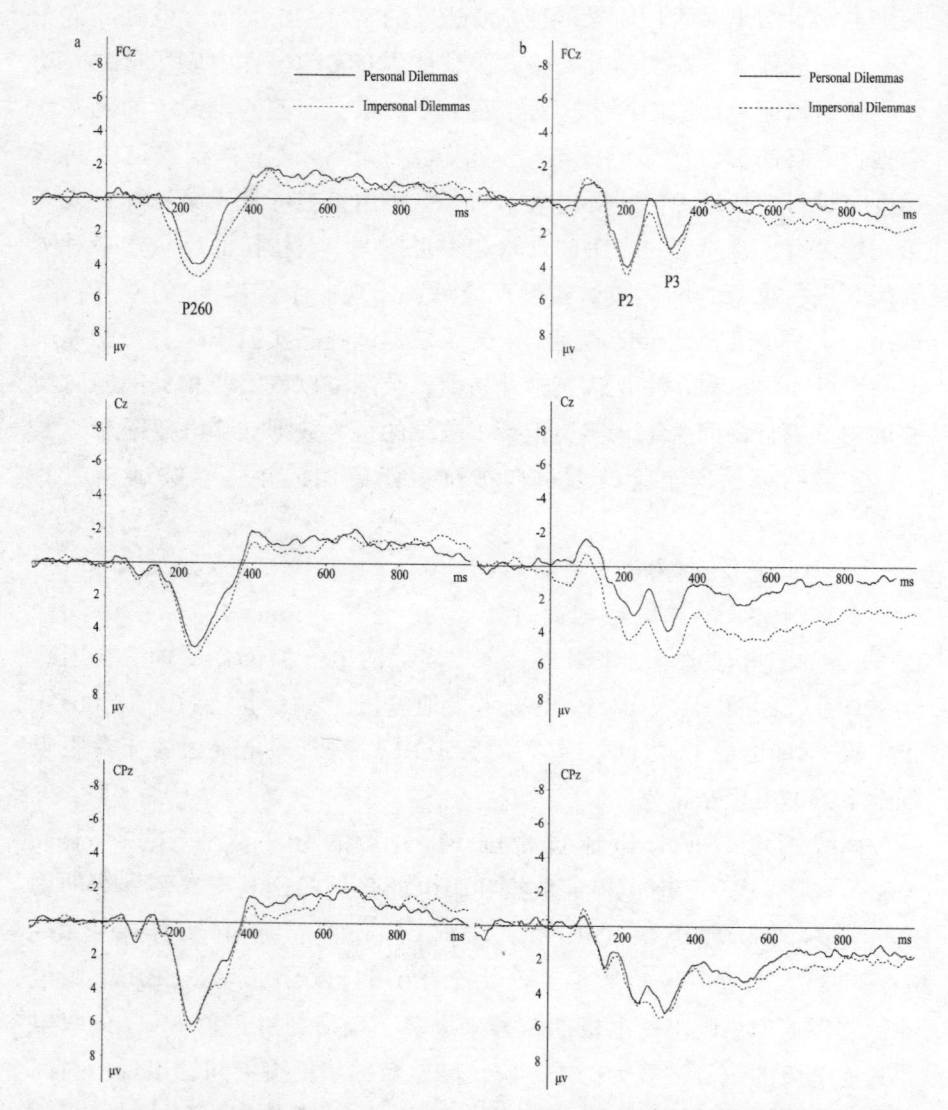

图 5.4 （a）中国被试对于涉及个人与不涉及个人的道德两难情境的 ERP 总平均图
（b）西方被试对于涉及个人与不涉及个人的道德两难情境的 ERP 总平均图

基于以往有关 ERP 成分的文献研究以及观测到的中西方被试的总平均的事件相关电位波形图（图 5.4），对于西方被试，P2 成分定义为决策问题出现后 180-260ms 间最大正波，P3 成分定义为在决策问题出现后的 280-380ms 间最大的正波；对于中国被试，P260 成分则定义为决策问题出现后 200ms 到 300ms 之间的最大正波。

为了进行统计分析，根据脑电电极的记录位置，沿从前到后的梯度选取了以下 25 个位于顶区附近的电极点：F3，F1，Fz，F2，F4，FC3，FC1，FCz，FC2，FC4，C3，C1，Cz，C2，C4，CP3，CP1，CPz，CP2，CP4，P3，P1，Pz，P2 和 P4（图 5.5）（Cai et al., 2011）。对 P2 成分、P3 成分以及 P260 成分的统计分析使用 SPSS16.0 软件进行重复测量方差分析，采用 2（道德两难困境类型：涉及个人的道德两难困境 vs. 不涉及个人的道德两难困境）×25（电极位置：25 个电极位置）的实验设计。

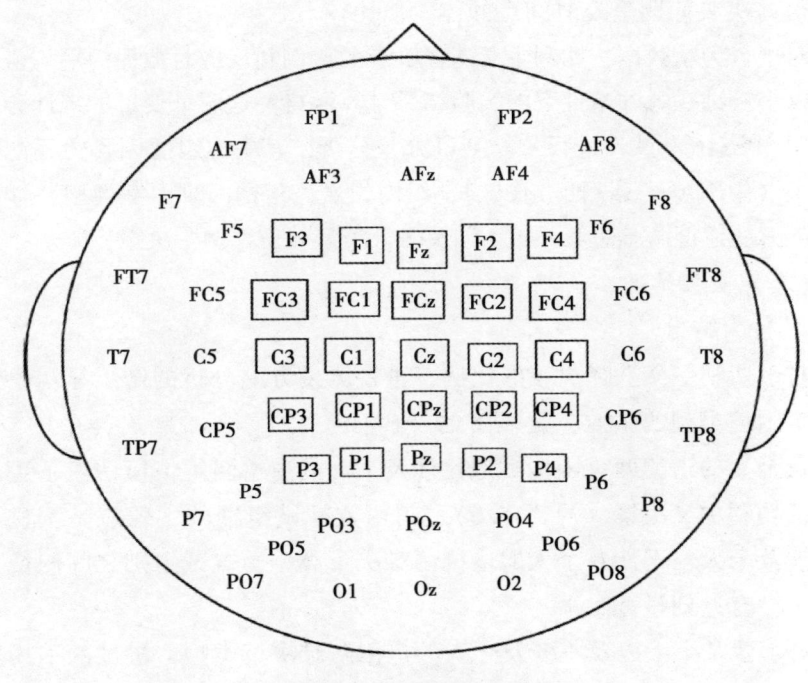

图 5.5 选取电极示意图

本案例的实验研究采用标准低分辨率电磁断层成像（standardized low-resolution electromagnetic tomography, sLORETA）（Pascual-Marqui, 2002）这一溯源分析的方法来计算东西方被试在道德两难决策过程中 ERP 成分潜在源的三维皮质分布。sLORETA 的溯源分析方法使用 MNI152 脑结构模型（Mazziotta et al., 2001），在一个真实的三维脑模型上计算大脑活动的图像（Fuchs et al., 2002）。sLORETA 溯源分析方法将大脑皮质灰质划分为 6239 个体素，其空间分辨率为 5mm。对于本研究中的每一个 ERP 成分，基于体素的数据分别由每一个 ERP 成分的时间框架内的峰值计算得出。这些时间框架分别对应 P2 成分、P3 成分和 P260 成分的潜伏期时间窗。对于每一种道德两难困境类型，每一个时间框架内的激活都与 ERP 成分分段的零时间点的激活作比较（配对样本 t 检验）（Knott, Millar & Fisher, 2009; Zhang et al., 2011）。对于西方被试，在 P2 和 P3 成分峰值时间点的体素值分别与决策问题呈现时间点的体素值比较。同样地，对于中国被试，P260 成分峰值时间点的体素值与决策问题呈现时间点的体素值比较。

对于行为学数据，功利主义选择决策的比例和反应时数据的平均值分别由每个被试在每种条件下的实验结果计算而得。这两个变量的统计分析都使用 SPSS16.0 软件进行重复测量方差分析，其中，组间因素为不同的文化组（中国被试 vs. 西方被试），组内因素为道德两难困境类型（涉及个人类型的道德两难决策 vs. 不涉及个人类型的道德两难决策）。

（三）实验结果

1. 行为结果

对于功利主义选择决策的比例，重复测量方差分析的结果显示，道德两难困境类型的主效应是显著的 [$F(1, 37) = 6.531$, $p = 0.015$]，不涉及个人的道德两难困境类型比涉及个人的道德两难情境诱发了更高比例的功利主义决策（见图 5.6）。东西方被试组别的主效应是不显著的，涉及个人与不涉及个人的道德两难决策类型与被试组别之间的交互作用也没有达到显著水平。

对于涉及个人以及不涉及个人的道德两难决策类型，被试的平均反应时（从决策屏幕呈现一直到被试做出反应）分别为 5.127 s（标准差为 1.862 s）和 4.621 s（标准差为 1.485 s）。对于反应时数据的方差分析结果表明，道德两难决策类型的主效应是显著的 [$F(1, 37) = 6.178$, $p = 0.018$]，被试面对涉及个人类型的道德两难决策比面对不涉及个人类型的道德两难决策花费了更长的时间（图 5.7）。东西方被试组别的主效应不显著，道德两难决策类型与组别之间的交互作用也没有达到显著水平。

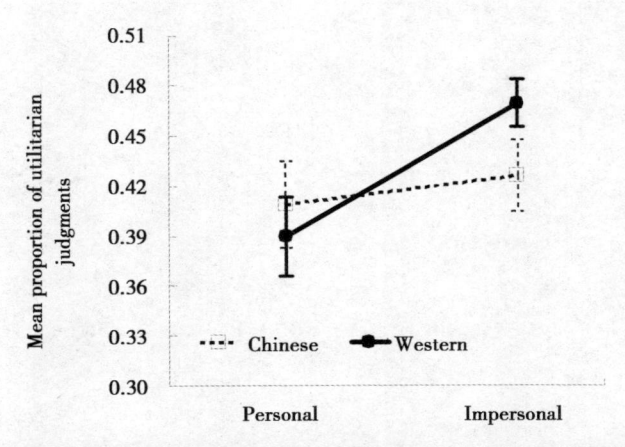

图 5.6　中西方被试在不同道德两难情境下做出功利主义判断的比例

2. ERP 结果

（1） P2-P3

欧美被试在考虑道德两难困境问题时主要诱发了 P2 成分和 P3 成分。对 P2 成分幅值的方差分析结果显示，涉及个人与不涉及个人的道德两难类型的主效应边缘显著 [$F(1, 18) = 3.481, p = 0.078$]，涉及个人类型的道德两难情境比不涉及个人类型的道德两难情境诱发的 P2 幅值要略小一些。对于 P2 的幅值，道德两难困境类型与电极之间的交互作用不显著。对于 P2 成分潜伏期的分析没有发现显著的结果（表 5-1）。对于 P3 成分的幅值，道德两难困境类型的主效应是显著的，[$F(1, 18) = 6.526, p = 0.020$]，涉及个人类型的道德两难决策比不涉及个人类型的道德两难决策诱发了更小的 P3 幅值。对于 P3 幅值，道德两难决策类型与电极之间的交互作用不显著。对于 P3 潜伏期的分析没有发现显著的结果（表 5-1）。

（2） P260

对于中国的被试样本，在道德两难决策过程中明显地诱发了 P260 成分。对 P260 成分的幅值进行重复测量方差分析，结果显示，涉及个人与不涉及个人的道德两难困境类型的主效应是显著的 [$F(1, 19) = 6.297, p = 0.021$]。涉及个人类型的道德两难决策比不涉及个人类型的道德两难决策诱发了显著更小的 P260 幅值。道德两难困境类型与电极之间的交互作用没有达到显著水平。对于 P260 成分潜伏期的分析，也

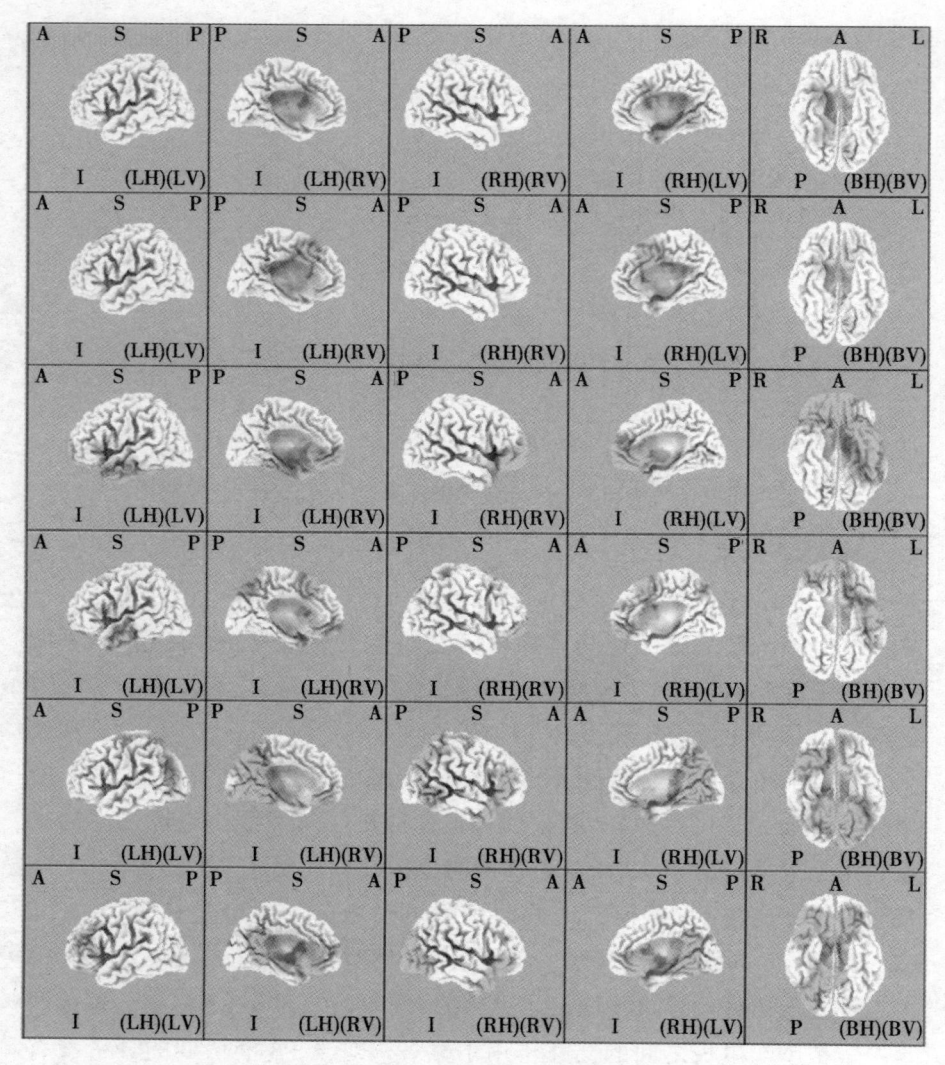

图 5.7 中西方被试在不同道德两难情境下的反应时

没有发现显著的结果（见表 5-1）。

表 5-1 对于涉及个人和不涉及个人道德两难类型，由所选的 25 个电极计算得到的 P2、P260 和 P3 成分的平均潜伏期±标准差

Dilemma type	组别	P2	P260	P3
Personal	中国		256.11±31.70	
	欧美	216.19±28.20		325.09±28.29

Dilemma type	组别	P2	P260	P3
Impersonal	中国		257.57±31.72	
	欧美	216.60±28.39		325.17±29.66

3. sLORETA 结果

图 5.8 展示了对于涉及个人和不涉及个人两种道德两难困境类型，P2 成分、P3 成分和 P260 成分时间框架下总平均的 sLORETA 图像。其中，前四行显示了在 P2 和 P3 时间框架下，西方被试面对两种类型的道德两难困境时，与最大值对应的电流密度分布的 sLORETA 脑图（相对于基线）。图 5.8 的第一行是涉及个人类型的道德两难困境在 P2 时间框架下的总平均，第二行是涉及个人类型的道德两难困境在 P3 时间框架下的总平均，第三行是不涉及个人类型的道德两难困境在 P2 时间框架下的总平均，第四行是不涉及个人类型的道德两难困境在 P3 时间框架下的总平均。图 5.8 的最后两行显示了在 P260 时间框架下，中国被试对于涉及个人和不涉及个人两种道德两难困境类型产生的最大值所对应的 sLORETA 脑图（相对于基线）。第五行是涉及个人类型的道德两难困境在 P260 时间框架下的总平均，第六行是不涉及个人类型的道德两难困境在 P260 时间框架下的总平均。

（1）在 P2 和 P3 时间框架下的脑激活模式

对于西方人，涉及个人类型的道德两难困境在 P2 和 P3 的时间框架下都激活了扣带回区域（布罗德曼区，Brodmann areas，BA 24/32）。在 P2 时间框架下，不涉及个人的道德两难困境类型激活一些广泛分布的脑区，包括前额区（BA 10/11/47）、边缘系统（BA 24/32）、颞叶（BA 20/21/38），以及岛叶（BA 13）。相似地，在 P3 时间框架下，不涉及个人的道德两难困境类型同样激活了岛叶（BA 13）、颞叶（BA 20/21/22）、边缘系统（BA 32），以及前额区（BA 6/8/10/11）皮质区域。

（2）在 P260 时间框架下的脑激活模式

对于中国被试，涉及个人的道德两难困境激活了一些广泛分布的脑区，主要包括边缘系统（BA 23/30/31）、前额区（BA 45/46/47）、枕

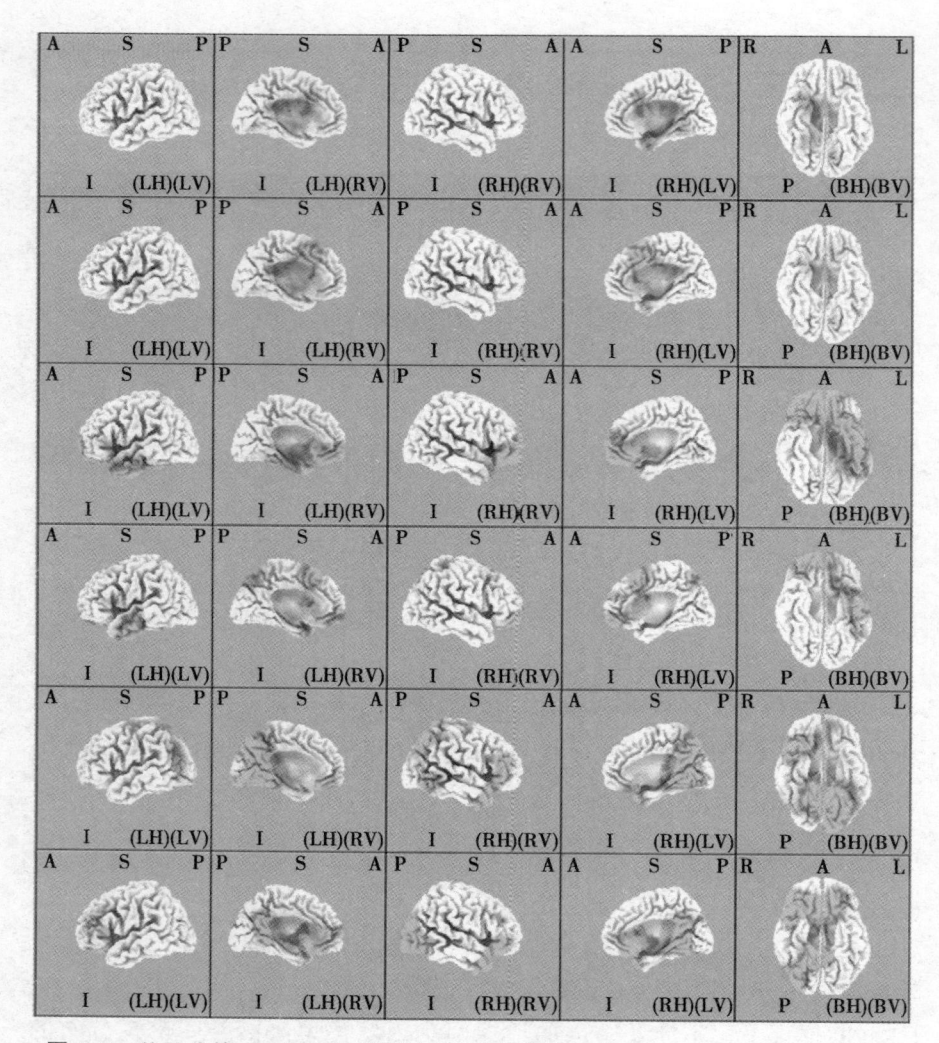

图5.8 总平均的 sLORETA 图像，基于体素的 t 检验（p<0.05）。A 代表前部，P 代表后部，S 代表上部，I 代表下部，LH 代表左半球，RH 代表右半球，BH 代表两个半球。LV 代表左侧观看，RV 代表右侧观看，BV 代表从底部观看。深色区域表示激活区域（p<0.05）。

叶（BA 17/18/19）、顶叶（BA 7/31/40）、颞叶（BA 21/38）和岛叶（BA 13）区域；而不涉及个人类型的道德两难困境激活了与涉及个人类型的道德两难困境相似的脑区，包括边缘系统（BA 23/24/30/31/32）、枕叶（BA 17/18/19）、顶叶（BA 7/31）、前额区（BA 11/45/

47)、颞叶（BA 21/38/39）以及岛叶（BA 13）区域。

（四）讨论

道德决策是长期以来哲学争辩的话题。近年来，有关道德两难决策问题的研究逐渐引起了社会学家、心理学家以及脑科学家的关注。由于一些不能控制的环境因素，人们在某些特定的情境下不得不做出艰难的抉择。经典的道德两难问题涉及功利主义和道义论的冲突，然而无论从何种角度判断都没有绝对的对与错之分，道德被"夹在"了一个左右为难的矛盾的境地。大脑是研究道德问题的一个窗口，研究者指出（Greene，2005），在这一过程中，大脑中自动化的情感和认知控制这两个相对独立的系统共同做贡献，影响着道德决策的最终结果。

本案例的实验研究通过经典的道德两难决策任务，借助于事件相关电位技术和标准低分辨率电磁断层成像溯源分析的方法，试图揭示中西方被试在道德决策过程中神经相关的文化差异。行为学层面上，本案例的研究结果发现，与不涉及个人类型的道德两难决策任务相比，面对涉及个人类型的道德两难决策任务，被试做出了更多不同意功利主义的反应选择，并且反应时间也更长。Shiv等人的观点支持了本研究的实验结果（Shiv et al.，2005），认为在涉及个人的道德两难类型下，人们做出功利主义的判断更加困难。并且本研究实验结果发现，在行为层面上中西方被试组间没有显著的差异。这一研究结果与前人的研究结果一致，表明了涉及个人的道德两难困境类型与不涉及个人的道德两难类型的区分对于人们的道德认知具有某些相同的特征（Moore et al.，2011）。类似的研究也表明，尽管存在广泛的文化差异，东西方人在某些道德问题上也存在一些共性。例如，人们更愿意牺牲动物来挽救人类的生命；牺牲陌生人来挽救亲人和朋友；牺牲少数人来挽救多数人等。但是，该研究同样发现，对待一些问题时，中国人往往不表现出极端的同意或不同意（O'Neill & Petrinovich，1998）。在电生理学层面上，本研究实验的结果发现中西方被试在道德决策过程中所诱发的 ERP 成分是不同的，sLORETA 溯源分析的方法进一步展现了在这一过程中中西方人脑激活的差异。

对于决策问题出现的时间锁定的 ERP 波形，西方被试的结果中明显发现了 P2 成分，其峰值出现在 216ms 左右。接下来，在 325ms 左右，涉及个人和不涉及个人两种道德两难困境类型都诱发了一个明显的正波。从欧美被试的总平均的 ERP 波形图可知，该波形为第三个正波成分，这与以往文献报道的 P3 成分的特征相符（Kutas, McCarthy & Donchin, 1977; Donchin & Coles, 1988; Chen et al., 2009）。而在决策问题出现的 260ms 左右，中国被试的结果中明显出现了 P260 成分。道德两难困境诱发的不同的 ERP 成分可能是由中西方社会的文化差异引起的。以往关于跨文化的研究已经指出，东西方人存在着广泛的差异，他们在经验、专长和社会环境等方面都是不同的，这些不同也许会引起他们的自我表达、认知、情绪和动机，甚至是注意分配的差异（Kitayama & Park, 2010）。而东西方人在注意和感知方面普遍被认为存在着差异，相比西方人，东方人有更广阔的注意焦点，更容易注意到环境背景相关的信息（Morris, Leung & Iyengar, 2004; Valenzuela, Srivastava & Lee, 2005; Weber & Morris, 2010）。Chua 等人通过眼动的实验研究发现，中国人比欧美人更多地注视背景信息；而欧美人比中国人更早地注视到凸显的前景事物，并且对前景事物注视得更多（Chua, Boland & Nisbett, 2005）。与该研究结果一致，本研究实验的结果发现在道德两难决策过程中，西方被试诱发了 P2 成分，而 P2 成分被认为与注意以及决策启动相关（Carretié et al., 2001; Potts, 2004），这表明了西方被试在道德两难决策过程中可能相对更早地进行决策启动。

值得注意的是，无论是中国被试结果中的 P260 成分还是西方被试结果中的 P3 成分，涉及个人类型的道德两难困境比不涉及个人类型的道德两难困境诱发了更小的 ERP 波形。与不涉及个人类型的道德两难困境相比，涉及个人类型的道德两难困境的语义更多地涉及死亡或严重的身体伤害，而这将会在考虑道德两难困境时引起更强的社会负向情绪。功能磁共振成像的研究表明，涉及个人的道德两难困境引发了更多的情绪和社会认知相关脑区的激活（Greene et al., 2001; Greene, 2003）。Xue 等人研究发现，与不涉及个人的道德两难情境相比，涉及个人的道德两难情境需要更多的位于右脑的情绪相关资源以及额叶相关的长程连接来处理情绪和认知之间的冲突（Xue, Wang & Tang, 2013）。以往的 ERP 研究表明，P3 可以作为对于任务不相关情绪抑制的一种指标，它的幅值大小可能反映了对刺激无关的负向情绪的抑制

(Yuan et al., 2007)。有文献报道，在暗含情绪的实验任务中，负向情绪比中性情绪诱发了更小的 P3 幅值（Carretié et al., 1997; Delplanque et al., 2004），这与本案例实验研究中发现的 P3 成分的结果趋势一致。

在本案例实验研究中，与不涉及个人的道德两难困境相比，涉及个人的道德两难困境需要抑制更多的社会负向情绪。而这种抑制无论对于东方人还是西方人都是存在的。对于中国被试，涉及个人的道德两难困境比不涉及个人的道德两难困境诱发了更小的 P260 幅值，这表明 P260 成分展示了对于涉及个人与不涉及个人的道德两难困境类型的区分具有与 P3 成分相似的模式。此外，有研究表明，P260 成分可以被看作是 P2 和 P3 相似过程的一种整合（Miltner et al., 1989），并且这一成分可能反映了对于整合了注意、记忆、情绪加工的选项所产生的立即的情绪反应（Sarlo et al., 2012）。以往跨文化的研究也表明，相对于西方人，东方人更倾向于选择整体或全局的解决方案（Nisbett & Miyamoto, 2005; Miyamoto, Nisbett & Masuda, 2006）。因此，P260 成分可能反映了中国被试在面对道德两难决策权衡时相对整合的加工模式。

标准低分辨率电磁断层成像溯源分析的结果显示，中西方被试在做出道德两难决策过程中所激活的脑区是不同的。对于西方被试，在涉及个人类型的道德两难困境下，P2 成分和 P3 成分所激活的主要区域为扣带回区域。另一方面，在不涉及个人的道德两难困境下，P2 成分和 P3 成分的主要激活定位在中前额区和扣带回，以及颞叶（temporal area）和脑岛（insula）等区域。这一结果与功能磁共振成像的研究结果一致，指出道德两难决策涉及一个复杂的脑网络（Prehn et al., 2008）。与 P2 成分和 P3 成分的源不同，涉及个人和不涉及个人两种道德两难困境类型所诱发的 P260 成分主要激活了后扣带回（posterior cingulate）、海马旁回（parahippocampal gyrus）、楔叶（cuneus）以及楔前叶（precuneus）区域。其中，后扣带回与情绪加工和评价有关（Vogt, Vogt & Laureys, 2006），海马旁回与情景记忆的形成和提取有关（Schacter & Addis, 2007），楔叶与注意以及凸显刺激的探测有关，楔前叶则与高阶认知功能有关（如自我加工等操作）（Cavanna & Trimble, 2006）。也就是说，中国被试在道德两难决策过程，激活了注意、情景记忆以及情绪加工相关的脑区。相应地，张和杨等人（Zhang & Yang, 1998）提出，在一些情况下，中国人可能会遵循合情合理的原则,在做出决策的时候会综合考虑情感和理性的因素,而这些激活的脑区可能有助于这一整合的加工过程。

(五) 结论

鉴于东西方广泛存在的文化差异,本研究借助事件相关电位技术(ERP)和标准低分辨率电磁断层成像(sLORETA)溯源分析的方法,考察了东西方被试做出道德两难决策权衡过程中表现在大脑激活时间和空间层面上的差异。实验结果表明,中西方被试在道德两难决策过程中所诱发的ERP成分是不同的,中国被试主要诱发了P260成分,而西方被试主要诱发了P2成分和P3成分。并且sLORETA溯源分析的结果也表明,西方被试诱发的P2成分和P3成分的溯源结果主要是扣带回和中前额区,而中国被试P260成分的溯源结果主要定位于后扣带回、海马旁回、楔叶和楔前叶等皮质区,这些区域与情绪加工、情景记忆、注意和高级认知等相关。以上的结果表明,在道德两难决策过程中,东西方被试的信息加工方式是不同的:西方被试可能更早地进入决策的启动阶段,而中国被试倾向于采用一种相对整合的加工模式。

跨文化的研究是社会心理学领域的重要方面,研究者们逐渐意识到文化在道德两难决策过程中所起的重要作用。东西方的文化差异不仅可以表现在行为层面上,也可能表现在道德两难决策过程中神经激活的层面。借助于事件相关电位的高时间分辨率,进一步探索反映在大脑加工时间过程的差异是一项很有意义的工作。通过选取来自中国和欧美国家的被试,本案例研究结合事件相关电位技术和标准低分辨率电磁断层成像溯源分析的方法,考察了东西方被试面对涉及功利主义与道义论冲突的道德两难困境时潜在神经机制的差异。

本案例研究结果发现,东西方被试在做出道德两难决策判断时所诱发的ERP成分是不同的。西方人在这一过程中诱发了P2成分和P3成分,中国人在这一过程中诱发了P260成分。且涉及个人的道德两难决策类型比不涉及个人的道德两难类型诱发了更小的P3成分(欧美被试的结果)和P260成分(中国被试的结果)。sLORETA溯源分析的结果发现,西方被试结果中的P2成分和P3成分主要定位在扣带回和中前额区,而中国被试结果中的P260成分的主要激活区位于后扣带回、海马旁回、楔叶以及楔前叶皮质区。本案例的研究从大脑活动的时间和空间的角度揭示了中西方被试在面对道德两难困境时不同的信息加工机制，西方人倾向于相对更早地启动道德决策过程，而中国人倾向于采用一种相对整合的信息加工方式。本案例的研究结果为道德两难决策文化差异的研究提供了更多的有关神经机制的证据，有助于我们进一步加深对道德两难决策时间特性的认识和理解。

二　实证案例（四）种族文化因素影响道德两难决策的研究

（一）引言

公平一直是人类追求的一种社会理想和原则，它作为道德领域研究的一个重要的方面，尤其受到社会学家、心理学家和经济学家的青睐。公平在维度上可以划分为分配公平（distributive fairness）、程序性公平（procedural fairness）、人际公平（interpersonal fairness）、信息公平（information fairness）这四大方面（陆璐，2011）。其中，分配公平也可以看作结果公平，是考察人们决策公平性的一个非常重要的维度，通常是评判公平最常用、最直接和最主要的依据。

人们在做出分配决策过程中往往会涉及公平和效率，而二者的权衡则是分配公正性的核心问题。公平和效率因素在决定人们分配决策过程中都起到非常重要的作用。然而，在有些情况下，二者之间却存在着分歧，人们往往陷入是追求公平还是追求效率的道德两难决策。尽管公平对于人们的利他行为是至关重要的，但从功利主义的利益最大化的角度来看，人们并不总是做出公平的决策（Morrill & Symons，1977）。在分配过程中，功利主义者致力于如何去取得最大的利益，或者说如何达到利益最大化，他们追求最大的效率，而不考虑公平的因素。而道义论的支持者则认为，在分配过程中应基于道德直觉的原则，强调公平是优于效率的（Hsu，Anen & Quartz，2008）。尽管注重公平和注重效率所导致的结果是截然不同的，但是从不同的角度来看，这两方面都是正确的，甚至没有好坏之分。心理学家认为，人们在分配过程中，公平和效率往往是同时存在的，它们以一种复杂的方式相互作用着，有时它们需要彼此平衡相互制约。

大量的实证研究指出，社会认同可能会影响到人们对于公平性的考虑，人们往往更多地为自己所在群组的利益考虑，倾向于做出有利于自己所在群组的选择决策（Blader & Tyler，2009）。社会认同的概念由 Henri Tajfel 最初阐明，指起源于一个人所在群组的自我概念（Tajfel，1978）。根据社会认同理论，我们所在的群组通常是我们自尊和骄傲的重要来源，可以使我们产生社会认同感（Abrams & Hogg，1988）。为了获得一个正面的自我形象，人们经常提高自己所在群组的地位，例如，人们常常认为自己所在的群组比其他的群组更受欢迎，更加偏爱自己所在的群组（Chen，Brockner & Katz，1998）。此外，由于关于自我的概念与人们所在的群组有关，这使人们往往更加关心自己所在群组的利益，做出有利于自己群组利益的行为。这种基于社会认同理论的动机很有可能导致群组内的偏斜，或者称为群组内偏好（人们倾向于更加正向评价自己所在群组的趋势）（Montalan et al.，2011）。社会认同理论对群际关系的解释方面起到重大作用。

由于种族文化有助于定义群组内的成员资格（Cosmides，Tooby & Kurzban，2003），因而人们对自己群组内的偏好也很有可能会影响到人们对于涉及种族文化内外成员时的偏见。通过神经成像的实验研究，Xu 等人考察了种族文化的因素对人们移情反应的影响（Xu et al.，2009）。该研究选取了 17 个中国被试和 16 个欧美国家的被试。在该实验中，呈现给被试中国人的面孔或者是西方人的面孔的视频剪辑，分为接受疼痛刺激（用针扎脸）和接受不疼痛的刺激（用棉签触碰脸）两种情况，同时采用功能磁共振成像的方法扫描被试的大脑反应。实验结果发现，无论是中国被试还是西方被试，当看到自己种族内成员的面孔受到疼痛刺激时，都诱发了更大的源于前扣带回（anterior cingulate cortex，ACC）的移情反应，而当被试看到种族外成员的面孔受到疼痛刺激时，源于前扣带回的移情反应减少。该研究表明，对于中西方不同的文化组，人们对于自己种族群体内成员具有更强的移情倾向的趋势是一致的。Kogut 和 Ritov 的研究发现，与把待捐助者看作群组外的成员的情况相比，当人们把待捐助者看作自己群组内的成员时，社会距离会更短，而更短的社会距离则往往会诱发更多的帮助决策（Kogut & Ritov，2007）。O'Neill 等人研究发现，无论是东方人还是西方人，在面对涉及生命安危的两难问题时，都更倾向于选择牺牲陌生人（长社会距离）来挽救亲人和朋友（短社会距离）（O'Neill & Petrinovich，1998）。在

Chen 等人的研究中，虚拟了地震遇难的情境，要求被试做出在两个遇难的人中只能营救一人的两难决策。他们研究发现，在两个亲属之间做出营救其中一人的选择决策比在两个陌生人之间做出营救其中一人的选择决策更加困难，诱发了更大的 P2 成分和 P3 成分，表明了相比陌生人，人们更加关心亲人的安危，在两个亲人之间进行选择诱发了更大的冲突（Chen et al.，2009）。

近年来，越来越多的研究开始关注决策过程中潜在的脑机制（Lee，2005；Lee 2006；Polezzi et al.，2008a；Polezzi et al.，2008b）。以往的脑成像研究已经确定许多参与了决策加工的脑区，例如像纹状体（striatum）、脑岛（insula）和眶额叶皮质（orbitofrontal cortex）等区域。在脑功能成像的研究中，功能磁共振成像技术提供了良好的空间分辨率，为探索人类决策过程中的脑机制做出了重大贡献。然而，使用功能磁共振成像技术对大脑激活时间过程的研究缺少好的时间分辨率。相应地，相比认知行为实验和功能磁共振成像的实验方法，具有高时间分辨率的事件相关电位技术（event-related potential，ERP）为评价人们认知加工时间过程的研究提供了良好的技术手段，是追踪和考察人们心理活动时间进程的有力工具。先前的 ERP 研究指出，N170 成分（峰值大约在 170ms 左右）反映了人们对于面孔相关刺激的加工，该成分的诱发与特定面孔相关的视觉区的激活有关（Eimer & Holmes，2007；Grasso et al.，2009）。与 N170 成分相对应，接下来的 P3 成分被认为与决策有关（Rohrbaugh，Donchin & Eriksen，1974），这一成分可以反映决策过程，并且 P3 的幅值大小与这一过程中所征用的注意资源的多少有关（Wu et al.，2001b；Gray et al.，2004）。有研究也指出，尽管晚成分正波（late positive potential，LPP）的潜伏期与 P3 成分的潜伏期不同，但二者有许多特性是相似的（Ito et al.，1998），更大的 LPP 幅值可能反映了与动机相关的注意的加强加工（Wu et al.，2001b；Van Hooff, Crawford & Van Vugt，2011）。

如上文所述，种族文化的因素很有可能会影响到人们在捐助分配过程中的公正性，那么人们在公平和效率权衡的道德两难决策过程中所诱发的事件相关电位是否会受到种族文化因素的影响呢？在行为学的层面，本实验预期，人们在捐助分配过程中对于公平和效率的权衡可能会受到种族文化因素的影响，导致人们更容易做出有利于自己种族内成员的决策。此外，公平和效率之间的权衡受到种族文化因素影响的模式也可能会体现在事件相关电位的激活模式上，很可能体现在 P3 成分和 LPP 成分上，这是由于 P3 和 LPP 成分被认为与决策和注意资源的分配有关。本案例的实验研究也许会有助于我们进一步理解种族文化因素对于人们分配公正性的影响。

（二）材料和方法

1. 被试

21 名大连理工大学的学生参加了本案例的实验研究，其中，女性 10 人，男性 11 人。被试平均年龄 21±2（SD）岁。所有被试均为右利手，视力或矫正视力正常，身体健康，无任何心理疾病。被试都填写了知情同意书，了解了实验相关事宜，实验后获得了一定报酬。

2. 刺激和程序

本案例实验采用 2×2 的实验设计，其中，第一个因素为捐助分配类型（T1：在两个中国儿童和一个欧美国家儿童之间进行分配选择 vs. T2：在两个欧美国家儿童和一个中国儿童之间进行分配选择），第二因素为效率因素（$\Delta M=0$ vs. $\Delta M=3$）。实验中，被试被告知有一家国际儿童福利院，他们需要为这家福利院中的儿童做出有关食物捐助分配的决策。被试需要在一边两个儿童（属于同一种族）和另外一边一个儿童（属于另一个种族）之间做出捐助给哪一边的选择决策，两个儿童和一个儿童的头像分布在屏幕两侧，且出现在屏幕左右位置的次数匹配。左右两侧食物份数的绝对差值（ΔM）分别为 0 和 3，这表示了屏幕一侧单个待捐助儿童的食物份数和屏幕另一侧两个待捐助儿童的食物份数的分布效率的差异。需要注意的是，在该实验中，两个待捐助儿童一侧的食物份数总量总是小于或等于单个待捐助儿童那一侧的食物份数。实验共有 120 个试次。其中，每种实验条件有 30 个试次。对于每个实验试次，被试需要在左右两侧的捐助分布中做出选择决策。

所有的实验试次通过 E-Prime 软件（1.1 版本）生成和控制。每一个实验试次在电脑屏幕上通过七屏呈现（见图 5.9）。第一屏为空屏，呈现时间在 500ms 到 600ms 之间，正态分布。接下来是呈现捐助分配的屏幕，呈现时间为 3 秒，该屏幕上给出待捐助儿童的头像，一组两个儿

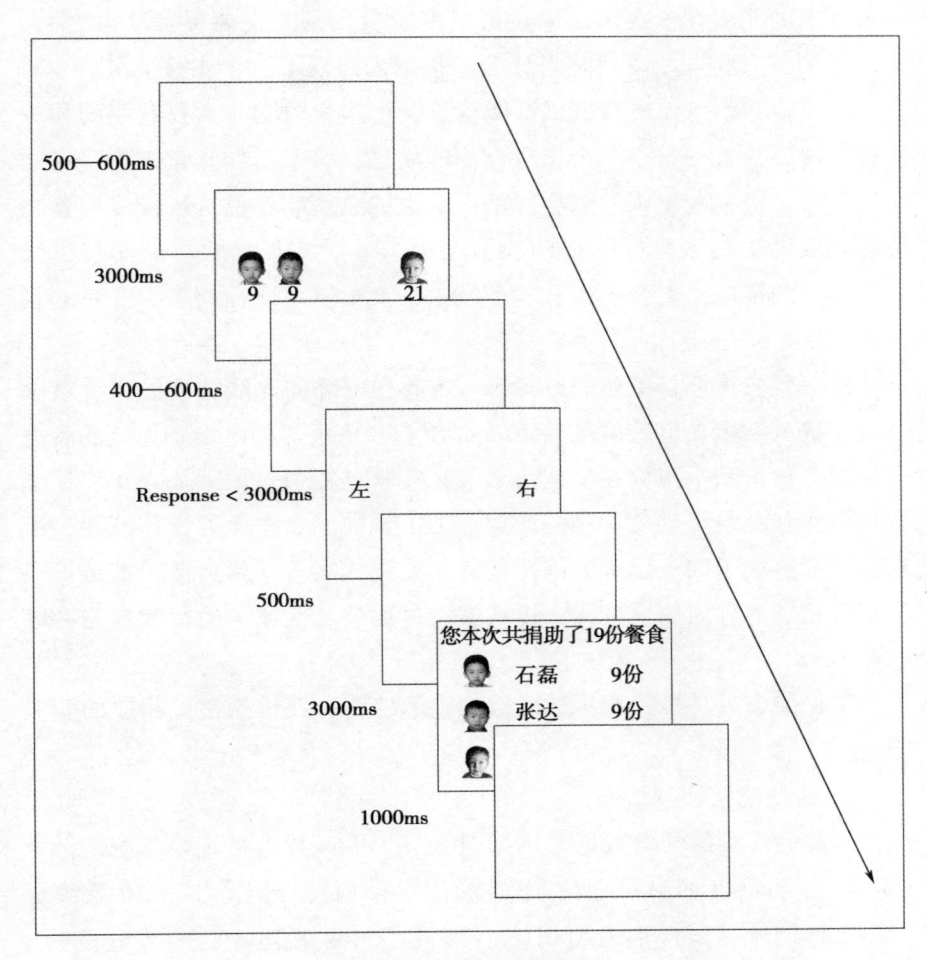

第五章　道德两难决策权衡的跨文化研究　　　　　　　　　　　　　　117

图 5.9　实验流程图

童的头像在屏幕一侧，单独的一个儿童头像在屏幕的另一侧。在每个儿童头像的下方给出本次可以为该儿童捐助的食物份数。被试需要在这一阶段了解屏幕上提供的捐助分配的信息而不需要做出按键反应。呈现捐助分配的屏幕消失后，接下来是一个空白屏幕，呈现时间处于 400—600ms 之间，正态分布。空屏之后是需要做出选择决策的屏幕，被试有 3s 的时间通过按键做出选择"左"或"右"的选择决策。按反应盒上的左键即代表给位于屏幕左侧的儿童捐助，按右键代表给位于屏幕右侧的儿童捐助。被试按键反应后，又是一个持续 500ms 的空白屏幕。接着是持续 3s 的反馈屏幕，反馈屏幕显示被试该次捐助分配的结果，即每一名待捐助儿童在该次捐助中获得了多少份食物。反馈屏幕结束之后，又是一个空白屏幕，呈现时间是1s，接下来出现下一个实验试次。

在实验开始前，所有被试都阅读了关于这家国际儿童福利院的相关资料。被试被告知这是一个三方合作的项目，这家国际儿童福利院得到一笔来自一个福利组织的资金援助，资金的总额或者说是折换成的食物份数将取决于被试自己的捐助决策结果。最后，实验的主试向被试强调：他们的捐助决策会产生真实的结果，会影响到该福利院中儿童的真实所得。

每一名被试都是单独进行实验。实验在安静的光线适度的实验室中进行。被试端坐在电脑屏幕前100cm左右，头戴与脑电设备连接的脑电帽，右手食指和中指放在反应盒上。在实验过程中，被试被告知应尽量减少动作和眨眼以避免伪迹的产生。为了让被试熟悉实验操作流程，所有被试都完成了四个试次的练习任务。在正式实验开始之前，被试可以就实验相关内容向主试询问。正式实验过程记录了被试的行为数据和脑电数据。

实验结束后，实验的主试向被试表示感谢，并付给被试相应的实验酬金。

3. 脑电记录和分析

本案例实验的脑电数据采用德国BP公司64导电极记录系统来记录（Brain Products GmbH），所有电极的位置排列符合国际10—20系统标准。电极信号的采样率为500Hz，FPz电极为接地电极，参考电极FCz处于中线上，位于电极Cz和电极Fz之间。实验同时记录了被试的水平眼电和垂直眼电信号。记录水平眼电的电极位于左眼眼角处1cm左右位置，记录垂直眼电的电极位于右眼眼眶上方。

对于离线EEG数据的分析应用了德国BP公司的数据分析软件（Brain Vision Analyzer）。首先，所有电极的数据和眼电的数据都是基于双侧乳突位置的电极信号的均值（Tp9电极和Tp10电极的平均信号）进行了重新参考。接着，根据记录眼电的电极的信号来剔除眼电信号的伪迹。本案例研究对连续记录的脑电数据进行了分段，分段时长为1000ms，包括刺激（捐助分配屏幕）呈现前的100ms，以及之后的900ms。带通滤波设置为0.016—30Hz，陷波50Hz。脑电信号幅值超过正负 80μV 的眼电电极信号与其他电极的信号被记作伪迹，从叠加平均计算的信号中剔除。基线校正依据刺激出现前的 100ms 的平均信号，每一段 EEG 信号减去问题出现前 100ms 的脑电信号的均值。总平均的 ERP 由所有被试在每种实验条件下的平均信号叠加而成。

基于 ERP 成分相关的文献报道以及实验所获的 ERP 总波形图，与面孔相关的 N170 成分选取电极 Pz 处的信号进行分析，这与其他有关 N170 成分的研究一致（Eimer & Holmes，2007）。对于 P3 成分和 LPP (late positive potential) 成分，本案例研究集中关注以下 10 个位于头皮表面中后侧的电极（如图 5.10 所示）：CP3，CP1，CPz，CP2，CP4，P3，P1，Pz，P2，P4。P3 成分和 LPP 成分在以上这些电极处呈现最大值（Wu et al.，2011b；Wu et al.，2012）。对 N170 成分和 P3 成分的分析分别选取捐助分配屏幕出现后 150—200ms 和 250—500ms 时间窗内的峰值。由于晚成分正波没有显著的波峰，因而对 LPP 成分的分析选取 500—800ms 时间窗内的平均幅值。对于 N170 成分幅值的统计分析使用

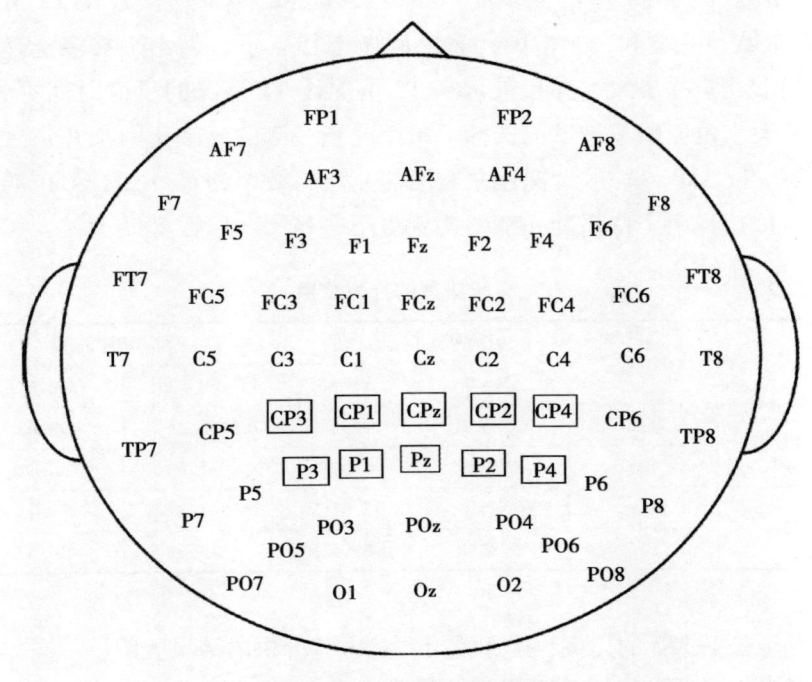

图 5.10 选取电极示意图

SPSS16.0 软件进行重复测量方差分析（repeated measures ANOVA），其中捐助分配的类型（T1 vs. T2）和效率（ΔM = 0 vs. ΔM = 3）为组内因素。对于 P3 成分和 LPP 成分的幅值，电极的位置（10 水平）也被作为一个因素列入统计分析中。对于所有 ERP 成分的分析，p 值均采用 Greenhouse-Geisser 方法进行矫正。

对于行为数据的分析，分别计算了每个被试在每种实验条件下选择两个待捐助儿童（相对公平的决策）的平均比例以及平均的反应时间。对于相对公平决策的比例以及反应时的统计分析，均使用 SPSS16.0 软件进行重复测量方差分析，其中捐助分配的类型（T1 vs. T2）和效率因素（ΔM = 0 vs. ΔM = 3）为组内因素。

（三）结果

1. 行为结果

表 5-2 显示了在每种实验条件下，被试选择两个待捐助儿童的平均比例（相对公平的决策）和平均反应时的结果。如表 5-2 所示，被试在 T1 情况（在两个中国儿童和一个欧美儿童之间做选择）比 T2 情况（在两个欧美儿童和一个中国儿童之间做选择）下，做出了更多选择两个待捐助儿童的决策，并且被试在 T2 情况比 T1 情况的反应时间更长。效率的大小也影响了被试的选择，单个儿童一侧的效率比两个儿童一侧效率更大（ΔM = 3）的情况比左右两侧儿童的效率相等（ΔM = 0）的情况，被试选择两个待捐助儿童的比例更小一些。

表 5-2　　　　　　　　　　　分配决策的行为结果

		选择两个儿童的比例		反应时（ms）	
		ΔM = 0	ΔM = 3	ΔM = 0	ΔM = 3
T1	Mean	89.12%	71.36%	466.26	493.63
	SD	2.53%	6.09%	31.38	38.12
T2	Mean	64.93%	45.51%	507.87	489.15
	SD	6.80%	6.95%	33.23	29.57

对于公平选择的比例，采用重复测量方差分析的结果表明，不同分配类型因素的主效应是显著的，$F(1, 20) = 22.690$，$p<0.001$。被试在 T1 分配类型（M = 0.802）比在 T2 分配类型（M = 0.552）做出相对公平决

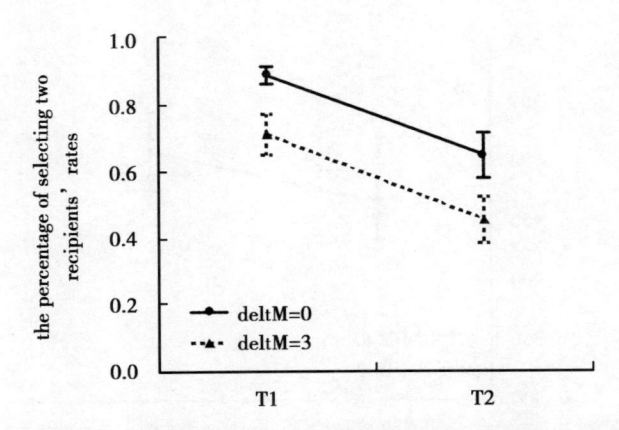

图 5.11 对于每种分配类型和效率条件下做出相对公平决策的比率

策的比例更大。方差分析的结果显示效率的主效应也是显著的，$F(1, 20) = 10.339$，$p = 0.004$，与左右两侧效率相等的情况相比，单个儿童一侧效率比两个儿童一侧的效率更大的条件下，被试做出相对公平决策（选择给两个儿童捐助）的比例更低（$M = 0.584$ vs. $M = 0.770$）（如图 5.11 所示）。捐助分配类型和效率之间的交互作用没有达到显著水平。

对于反应时间的重复测量方差分析结果显示，分配类型的主效应是显著的，$F(1, 20) = 5.869$，$p = 0.025$（见图 5.12）。被试对于 T1 分配类型的反应时间要小于对于 T2 分配类型的反应时间（479.945ms vs. 498.513ms）。效率的主效应是不显著的，$F(1, 20) = 0.115$，$p = 0.738$。并且对于反应时，分配类型和效率因素之间的交互作用也没有达到显著水平，$F(1, 20) = 1.577$，$p = 0.224$。

2. ERP 结果

图 5.13 显示了本案例实验研究的四种实验条件所诱发的 ERP 总平均波形图（Pz 电极处），本案例实验刺激主要诱发了 N170 成分、P3 成分和 LPP 成分。电流源密度图则展示了 N170、P3、LPP 成分在头皮表明的分布情况，与每个 ERP 成分所选择的电极区域相吻合。

（1）N170 成分

对于 N170 成分的峰值幅值进行重复测量方差分析，结果显示，分配类型的主效应是不显著的，$F(1, 20) = 0.444$，$P > 0.1$。效率因素的主效应也是不显著的，$F(1, 20) = 2.383$，$P > 0.1$。并且分配类型

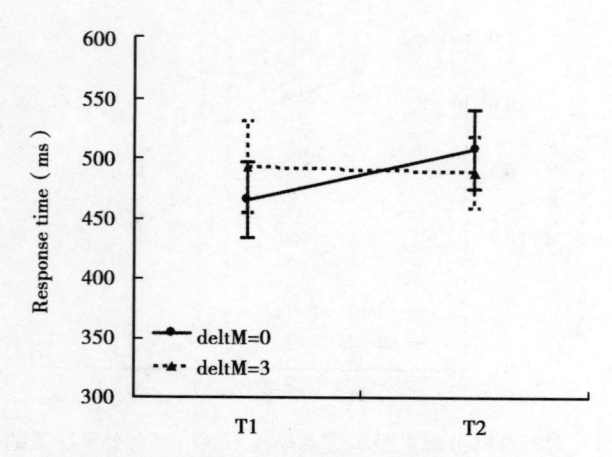

图 5.12 对于每种分配类型和效率条件下的反应时

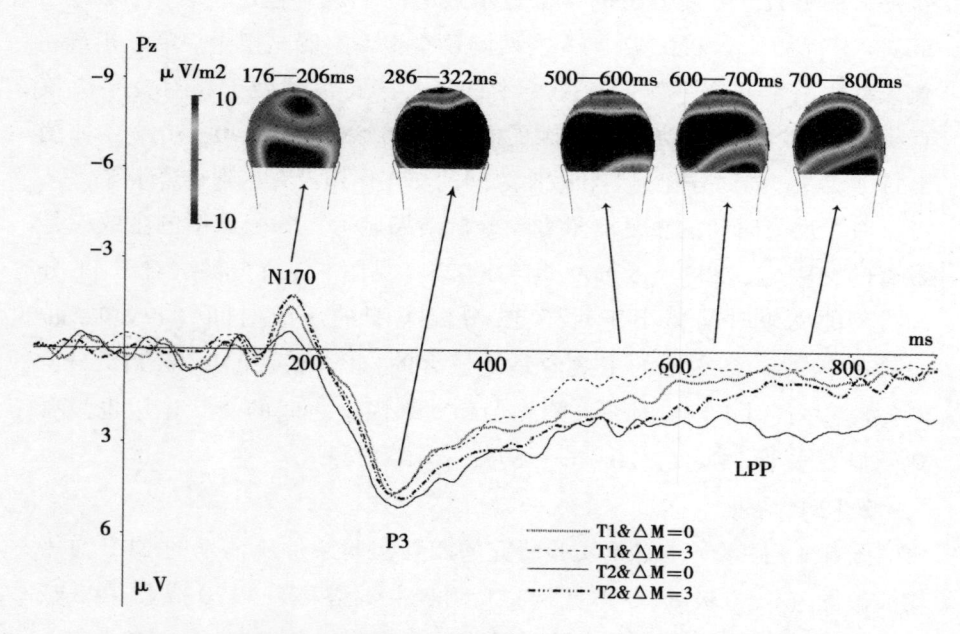

图 5.13 在电极 Pz 处的全局平均波形,电流源密度阐明了每一种 ERP 成分的头皮分布

和效率之间的交互作用也没有达到显著的水平,$F(1, 20) = 0.101$,$P>0.1$。

(2) P3 成分

对于 P3 成分的峰值幅值进行重复测量方差分析，结果显示，分配类型的主效应是显著的，$F(1, 20) = 4.759$，$P = 0.041$。由两个欧美儿童和一个中国儿童的分配类型（T2）所诱发的 P3 幅值（$M = 6.359\mu v$）显著大于由两个中国儿童和一个欧美儿童的分配类型（T1）所诱发的 P3 幅值（$M = 5.520\mu v$）（见图 5.14 左）。对于 P3 幅值，效率因素的主效应也是不显著的，$F(1, 20) = 1.104$，$P>0.1$。分配类型和效率之间的交互作用也没有达到显著水平 $F(1, 20) = 0.140$，$P>0.1$。

(3) LPP 成分

对 LPP 成分的幅值进行重复测量方差分析，实验结果显示，分配类型的主效应是显著的，$F(1, 20) = 4.839$，$p = 0.040$。由两个欧美儿童和一个中国儿童的分配类型（T2）所诱发的 LPP 幅值（$M = 1.980\mu v$）显著大于由两个中国儿童和一个欧美儿童的分配类型（T1）所诱发的 LPP 幅值（$M = 0.561\mu v$）（见图 5.14 右）。与 P3 幅值的结果相似，对于 LPP 幅值，效率的主效应没有达到统计显著水平，$F(1, 20) = 2.042$，$P>0.1$。并且分配类型和效率之间的交互作用也没有达到显著水平，$F(1, 20) = 0.097$，$P>0.1$。

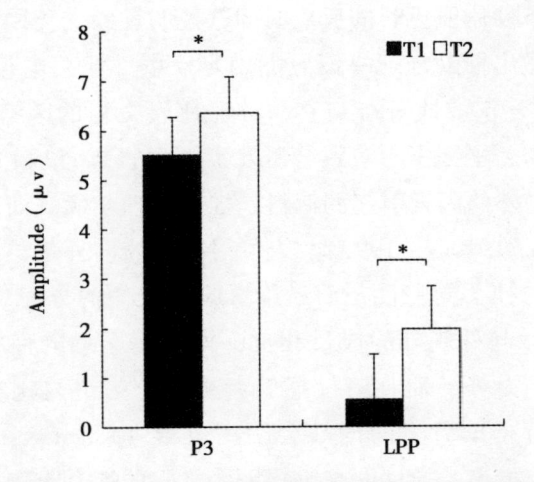

图 5.14　T1 和 T2 分配类型下的 P3 和 LPP 幅值

3. 行为与 ERP 数据的相关

行为数据与 ERP 数据的相关分析采用皮尔森相关分析（Pearson correlation analysis），数据结果表明，被试做出相对公平决策的比例与 P3 的幅值（所有四个实验条件下）呈现显著负相关的关系，r = -0.489，P = 0.024，表明 P3 的幅值越大的情况下，被试在捐助分配的任务中做出相对公平决策的比例越小。这一结果与行为数据和 ERP 数据结果的趋势一致。

实验没有发现其他行为结果与 ERP 测量显著的相关性。

（四）讨论

个体和社会怎样分配福利是心理学家和社会学家长期以来所关注的课题。本案例实验研究的目的是通过电生理学的指标来考察种族文化因素对人们分配公正性的影响。在分配决策过程中，选择捐助给两个儿童一侧意味着相对公平的选择决策，而选择单个儿童一侧的效率总是大于或等于选择两个儿童一侧的效率。本案例实验考察了被试在做出捐助分配决策时对于公平和效率权衡的道德两难决策。实验的研究结果表明，种族文化的因素影响了被试的捐助分配决策，被试倾向于做出有利于自己种族内成员的决策。相比种族文化因素与公平因素不一致的情况，在二者一致的情况，人们更愿意做出相对公平的决策。且相比一致的条件，不一致的条件需要更长的反应时间，说明种族文化因素与公平因素冲突时，人们做出捐助分配决策更加困难。事件相关电位的结果显示，P3 成分和晚成分正波成分（LPP）对于种族文化的因素也是敏感的，种族文化因素与公平因素不一致时诱发了更大的 P3 和 LPP 幅值。

种族文化内外的因素引起的偏斜是社会心理学领域研究的重要方面（Chen, Brockner & Katz, 1998）。人们对待种族内外成员的差异可能会自动激起人们的社会同一性，而最终影响到人们的分配决策（Tajfel & Turner, 1986）。与种族外的成员相比，人们更愿意向种族内的成员捐助，这一点并不奇怪，而且当待捐助者被划分为组内比被划分为组外时，捐助者与待捐助者之间的社会距离更短（Kogut & Ritov, 2007）。大量的实证研究指出，捐助者与待捐助者之间的社会距离会影响到人们对于公正性的考虑，即相对于长的社会距离的关系，人们对于短社会距离关系的公正更加看重（Mandel, 2006; Parks et al., 1996; Singer,

1998)。近期的采用经济学实验范式（独裁者博弈，the dictator game）研究也同样指出，随着社会距离的缩短，捐助者往往会向待捐助者提供更多的捐助（Wu et al.，2011a；Hoffman，McCabe & Smith，1996）。与这一观点一致，Shapiro 的一项研究也同样指出（Shapiro，1975），人们对朋友（短社会距离）的公平待遇比对陌生人（长社会距离）的公平待遇关注更多。

在电生理学层面上，人们在考虑分配公正性的捐助决策过程中诱发了明显的 P3 波形。有研究指出，P3 成分反映了对刺激意义的认知评价（Zhang et al.，2011；Huang & Luo，2006）。本实验的结果显示，T2 分配类型比 T1 分配类型诱发了更大的 P3 幅值。由于 P3 的幅值大小被认为与注意资源分配的多少（Wu et al.，2012；Gray et al.，2004）以及认知努力的大小（Ullsperger，Metz & Gille，1988）成正比，因而 P3 波形的差异也许反映了被试对于两种不同的分配类型投入的注意资源或者说是认知努力的差异。对于 T2 分配类型，由于种族因素与公平因素不一致，被试可能处于倾向于公平选择还是倾向于本种族成员的道德两难困境中。对自己种族内成员的关心很可能会抑制做出公平的决策，而这一竞争的条件很可能需要更多的注意资源或者说是认知的努力，因而诱发了更大的 P3 幅值。此外，相关分析的结果发现，被试做出公平决策的比例与 P300 幅值呈显著负相关关系，因此也支持了上述的解释。而在 T1 分配类型下，因为种族因素与公平因素一致，被试在此时做出捐助分配决策并非像在 T2 分配类型中的那样困难。相应地，行为学的结果也支持以上的观点，相比种族文化与公平方向一致的情况，在种族文化因素与公平不一致时，被试做出相对公平决策的比例更小，并且反应时间也更长。

对 LPP 波形的分析结果显示了与 P3 波形相似的特点，两个欧美儿童和一个中国儿童的分配类型比两个中国儿童和一个欧美儿童的分配类型诱发了更大的 LPP 幅值。尽管 LPP 成分和 P3 成分具有不同的时间特性，先前的研究指出，LPP 成分和 P3 成分对于注意的增强具有相似的功能（Hajcak，MacNamara & Olvet，2010）。此外，有研究表明 LPP 成分对于刺激的正负价是敏感的，对于高唤醒度的图片，负性的刺激比正性的刺激诱发了更大的 LPP 的幅值（Olofsson et al.，2008；Brown，

Goodman & Inzlicht，2013）。因此，在本研究中种族文化因素与公平因素冲突的条件下诱发了更大的 LPP 幅值也可以解释为在这种情况下需要更多的注意资源，因为在种族文化因素与公平因素不一致的条件下，被试可能会觉得自己种族内成员处于不利的条件，做出相对公平的决策需要牺牲自己种族内成员的利益。

需要注意的是，在本案例的实验研究中，效率因素确实影响了被试捐助分配的决策，即在种族文化影响下的公平和效率权衡的道德两难决策过程中起作用。相比左右两侧儿童效率相等的条件，在与公平因素相反的方向上效率更大的情况下，被试做出相对公平决策的比例显著更小。然而，无论是对于面孔特异的 N170 成分还是 P3/LPP 成分，效率因素的主效应都是不显著的。这也许是由于效率因素并没有在这些阶段的潜伏期进行加工。因为对于本实验来说，待捐助儿童的数量和种族文化的因素（儿童面孔的种族）更加明显，很可能获得了优先加工。此外，N170 成分对于分配类型的主效应也是不显著的。在当前的研究中，每一种分配的条件都同时包含东西方儿童的面孔，这可能是由于 N170 成分对于每一条件所表达的信息并不敏感，在以往的研究中，N170 成分主要被认为可以区分面孔与非面孔的刺激（Grasso et al.，2009）。

本案例的实验研究属于探索性的研究，仍有一些不完善和不全面之处，有待将来进一步研究。例如，对于公平因素的考察，下一步的研究可以设置捐助给一个儿童还是捐助给一组儿童之间的比较条件，考察人数（组的大小）的因素对人们分配公正性的影响。同样，对于效率的考察，也可以取多个数值或加大两个可选项间效率的差异，进一步深入地考察人们在不同条件下对于公平和效率之间的权衡。

（五）结论

分配的公正性是社会学、心理学等诸多学科研究的热点问题。而人们的分配公正性很可能受到种族文化因素的影响，进而扰乱人们在道德两难决策过程中对公平和效率的权衡。通过考察捐助分配的 ERP 实验，实验结果发现，种族文化的因素影响了人们分配决策的公正性。人们更愿意做出有利于自己种族内成员的决策。与种族因素和公平因素不一致的情况相比，二者一致的情况，人们做出了更多的倾向公平性的选择决策。ERP 实验的结果也表明，与一致的情况相比，种族因素与公平因素冲突时，诱发了更大的 P3 成分和晚成分正波（LPP）成分，表明了此种情况下需要调用更多的注意资源或认知的努力。

ERP 的研究在认知神经科学领域具有独特的高时间分辨率的优势，为考察大脑加工时间特性的研究提供了特殊的视角。然而，涉及公平性的道德两难决策的 ERP 研究还比较少，我们对这一过程的认知还很有限。以往的文献研究，更少有种族文化因素影响人们分配的公正性的 ERP 实验报道，因此，对这一过程潜在的认知神经机制的探索是非常有意义的工作。

本案例的研究通过 ERP 实验，考察了种族文化因素对人们分配公正性的影响。实验结果显示，种族因素确实影响了人们在做出捐助决策过程中分配的公正性，这种影响不仅体现在行为学的层面，也体现在电生理学层面。本研究的行为学的结果发现，人们更愿意做出有利于自己本种族内成员的决策，相比种族文化因素与公平因素不一致的情况，二者一致时，人们更愿意做出公平的决策。并且不一致的情况诱发了更长的反应时间。事件相关电位的结果显示，相比种族因素与公平因素一致的情况，不一致的情况在 250—500ms 时间窗内诱发了更大的 P3 成分。其后的 LPP 成分（500—800ms 时间窗）也表现出与 P3 成分相似的趋势，种族文化因素与公平因素冲突的情况诱发了更大的 LPP 幅值。本案例的实验研究表明了人们对于分配公正性的考虑受到种族文化因素的调制，当种族文化因素与公平因素冲突时，需要调用更多的注意资源或认知的努力。本案例的研究为进一步理解人们真实生活中的行为决策提供了电生理学方面的依据，有助于加深我们对自身道德决策以及道德行为的了解。

三 实证案例（五）捐助决策的跨文化研究

（一）引言

近年来，跨文化的研究逐渐成为社会心理学研究的热点。通过跨文化的比较研究，我们不仅可以更深刻地认识一些社会现象，而且更有助于对我们自身文化的全面认识理解。正如心理学家 Triandis 所说，如果我们不与其他文化接触，我们就不能充分地认识了解我们自己的文化（Triandis，1999）。

在我们的社会生活中有许许多多的利他行为，不胜枚举，诸如安慰、照顾和同情等。人们通常不求任何回报地为他人指路、捐款、献血和做义工。那么，是什么促使人们去帮助他人呢？以往的研究指出，在涉及帮助行为的决策中，相对于那些不可识别的受害者而言，人们对可识别的受害者赋予更多的关注，存在"确定性信息"效应（identifiable victim effect）。即当受害者是一个确定身份的对象时，人们对其给予更多的同情和慷慨（Jenni & Loewenstein, 1997; Schelling, 1968）。一项在美国的研究考察了确定性信息的受害者与没有确定性信息的受害者之间的差异，该研究结果发现，人们更愿意帮助一个信息详尽的受害者而不是一个统计的受害者（Small & Loewenstein, 2003）。在以色列地区进行的实验研究也同样发现，与信息不详尽的受害者相比，一个信息详细的个体受害者诱发了更多的情感（移情和痛苦）和更大的捐款意愿（Willingness to contribute, WTC），然而，他们的研究也发现，"确定性信息"效应并不适用于群体（Kogut & Ritov, 2005a; Kogut & Ritov, 2005b）。

有关帮助行为决策的社会心理学研究强调了情感作为激励因素在帮助决策中的作用（Ritov & Kogut, 2011）。对受害者的情感反应可能是选择是否提供帮助决策的一个重要因素，这可能部分地解释了人们在捐助行为中的差异。之前的研究结果发现，相比那些信息不明确的受害者，当参与者读到的是一个信息详尽的受害者时，他们的情绪评分更高（Small & Loewenstein, 2003; Kogut & Ritov, 2005a; Kogut & Ritov, 2007）。Small 等人提出，人们之所以对于信息详尽和身份不明的受害者在提供帮助方面存在差异，很可能是受到了诱发情感的影响。最近的一项研究表明，人们对个人和群体的信息加工方式可能是不同的，当加工与信息详尽的个体受害者有关的信息时，往往会引起更强烈的情绪反应，而这被认为是对"确定性信息"效应的一种解释（Kogut, 2011）。

由于历史条件、地理环境、生产方式以及社会结构的不同，中西方往往存在着文化以及思维方式的差异。人们普遍认为以中国为代表的东方文化是集体主义文化，而欧美文化则为典型的个人主义文化。越来越多的研究表明，人们的认知、情感和动机可能都会受到文化的影响（Hernandez & Iyengar, 2001; Markus & Kitayama, 1991; Kim et al.,

2011；Freeman et al.，2013）。不同文化背景的人可能会有不同的感知世界的方式、偏好、判断和决策（Nisbett et al.，2001；Nisbett，2003）。具体来说，文化价值观或规范可能会导致不同文化之间在帮助意愿上的差异。虽然在东西方文化中，助人为乐是一种普遍被认为是高尚的行为，然而助人的动机可能是不同的（Markus & Kitayama，1991；Barrett et al.，2004；Levine et al.，2001）。之前的研究表明，美国人倾向于把帮助他人的决策作为个人选择，而东印度人则把其看作一种道德责任的问题（Miller & Bersoff，1998）。此外，有人提出西方的个人主义是以个人权利的概念为基础的，例如利他行为受个人选择权利的支配；而中国的儒家伦理文化是以个人责任和社会目标的概念为基础的，而不是个人权利（Bedford & Hwang，2003）。由此，我们可以推断出这些基本的跨文化差异可能反映在人们的帮助行为中。提供详尽的细节信息可能不会改变中国被试的捐助情况，因为详尽的细节信息可能会影响人们的个人喜好，但是似乎不会影响到个人的责任和社会的目标。

文化具有鲜明的个性，不同的文化之间的差异往往是广泛的。考察文化差异的研究提出东方人（典型的中国人）和西方人（典型的美国人）有不同认知和推理风格（Nisbett et al.，2001；Nisbett & Masuda，2003；Federici et al.，2011；Peng & Nisbett，1999）。文化差异主要在于人们从环境中所提取出的信息不同。个人主义，如西方文化所提取的大部分是个人的或者是人的内在特性，而集体主义文化则更多地提取了相互关系、职责和义务等（Triandis，1999）。例如，中国人更喜欢辩证或折中的解决方案，而美国人则倾向于使用分析推理。也有证据表明东方人强调整体性和综合性，愿意把各种事物联系起来，而西方人更重视个体性。一些实验研究表明，在看图片时，中国人在注视前景事物之前，会花更多的时间注视留意图片的背景，之后注意前景物体的时间也短得多；而美国人则更多地关注主体，较少地注意到背景相关信息（Kitayama et al.，2003；Chua et al.，2005）。因为中国的实验参与者更倾向于关注广泛的环境信息，而不是突出的焦点信息，因而具有详尽信息的个体信息（主要通过图片识别）对于中国人可能不像西方结果中显示的那样重要。

在本研究中，我们选择中国和美国作为东西方社会的代表来探讨文化因素对捐赠决策的影响。在前人研究的基础上，我们假设：（1）美国参与者的结果可能复制"确定性信息"效应，一个信息详尽的受害者通常会比一个信息不明确的个体诱发更大的贡献以及更强烈的情感；（2）由于感知觉策略和助人行为的动机在两个国家间的差异，"确定性信息"效应在中国可能不会复制；（3）受个人的责任和社会目标的影响，中国人可能对群体受害者比个体表现出更大的情绪反应和捐助意愿。本书的分析主要关注帮助行为的两个方面：捐助意愿和唤起情感（同情和悲伤）。本书的研究结果可以为理解亲社会行为的文化差异提供更好和更直接的证据。

（二）材料和方法

来自于大连理工大学的208名在校大学生和163名美国在校大学生自愿参与了本实验。所有的实验参与者都出生和生活在他们自己的国家。中美两国两组志愿者性别结构相似，没有显著的统计学差异。每个参与者都得到了书面的知情同意，并获得了一定价值的金钱补偿，以补偿他们的时间和努力。

与 Tehila Kogut 等人的实验设计相近（Kogut & Ritov, 2005a），我们的实验采用2（个体患病儿童 vs 八个人的群体患病儿童）×2（信息详尽 vs 无详尽信息）的实验设计，被试随机参加了四种实验条件中的一种。在每种条件下，生病的孩子总是和每个参与者来自同一个种族。所有的参与者阅读关于一个患白血病的孩子的故事，他的生命处于危险之中。他们被告知一种昂贵的药可以挽救受害者的生命。信息详尽的一组只比信息简略的一组多提供了被捐助人的姓名、年龄以及照片。而且对于八个人的群体信息详尽组，我们使用了八个孩子合影的照片，而他们单独的照片和信息（姓名和年龄）出现在个体信息详尽组的次数也接近相同。

在阅读材料中，中国参与者阅读了以下中文问题："想象一下，如果你有100元（约合15美元），你会捐多少（如果有的话）来为前面提到的孩子买这种药？"同样，相应的提问在美国进行的实验是用英语说的："想象一下，如果你有100美元，你会捐多少（如果有的话）来为前面提到的孩子买这种药？"接下来，所有的参与者被要求对他们的痛苦和同情情感进行评分("从一点也不"到"非常"的七点式评分)。内容与 Tehila Kogut 等人的实验中的相近(Kogut & Ritov, 2005a),检查悲伤情绪的句子是:"读了这个孩子的故事后,我感到担心、不安和悲伤。"下一句考察同情的句子是:"我对生病的孩子感到移情和同情。"

(三) 结果

如表 5-3 所示,分别对中美两组人在每种条件下的平均捐款意愿进行了计算。在中美两组中,面对八个不同的受害者儿童的捐款意愿、痛苦和移情得分均没有显著差异(中国捐助意愿结果:$F(7, 46) = 0.19$, $p=.99$;美国捐助意愿结果:$F(7, 32) = 0.58$, $p=.77$;中国的痛苦得分:$F(7, 46) = 0.89$, $p=.52$;美国的痛苦得分:$F(7, 32) = 0.33$, $p=.94$;中国的移情得分:$F(7, 46) = 0.30$, $p=.95$;美国的移情得分:$F(7, 32) = 0.77$, $p=.62$)。因而,在接下来的分析中,在中国和美国的数据中,本研究都以八个孩子的平均结果作为个体情况下数据结果的代表。此外,由于捐助意愿的分数不符合正态分布(对捐款意愿的分数 WTC 进行正态性检验,采用单样本 Kolmogorov-Smirnov 检验,$p<.001$),因而我们将 WTC 评分进行对数转换以作进一步分析(Kogut & Ritov, 2007)。

表 5-3 中国人和美国人的描述性统计分析结果

	个体		群体(8人)	
	信息详	信息略	信息详	信息略
中国(¥)				
N	54	49	51	54
Mean	27.41	30.00	58.24	49.63
SD	21.21	24.15	34.51	33.48
美国($)				
N	40	40	41	42
Mean	35.25	20.75	36.34	30.00
SD	27.83	20.56	27.91	21.86

1. 捐款意愿分数(The WTC scores)

我们对转换后的 WTC 分数,进行了 2(样本:美国 vs. 中国)×2

(组别：个体待助者 vs. 八个孩子的群体待助者)×2（信息详尽情况：信息详尽 vs. 信息简略）析因分析。分析结果表明，个体与群体组别的主效应是显著的，F（1，363）= 18.35，p<.001。信息详尽情况的主效应边缘显著，F（1，363）= 3.66，p=.06。样本×组别×信息详尽情况的交互作用也边缘显著，F（1，363）= 3.56，p=.06。事后检验表明，仅对于美国参与者来说，信息详尽的个体受害者的 WTC 得分（M=3.10）高于信息简略的个体受害者的 WTC 得分（M=2.32），t（78）= 3.01，p<.01。然而，个体确定性信息效应对中国样本的 WTC 得分没有显著影响，t（101）= 0.85，p=.40。中国被试样本内的 WTC 得分的结果显示，与个体条件相比（信息详尽：M=2.92，信息简略：M=3.12），群体条件的平均 WTC 的得分较高（信息详尽：M=3.75，信息简略：M=3.61），对于信息详尽的情况：t（103）= 3.67，p<.001；信息简略的情况：t（101）= 2.18，p=.03。表明对于中国的参与者来说，相比个体受害者，群体受害者得到了更大的帮助，而不管信息详尽与否。此外，美国的样本也显示了类似的模式，即只在信息简略的情况下，当他们面对信息简略的群体时比面对信息简略的个体时，诱发了更大的捐款意愿（M=2.99 vs. M=2.32，t（80）= 2.60，p=.01）（如图 5.15A 所示）。

2. 捐助者的比例（The percentage of contributors）

捐助者的百分比（捐助了一定数量而不是没有捐助的人）与 WTC 的得分变化趋势相似（如图 5.15B 所示）。对于中国的样本，面对群体的捐助者比例高于面对个体待助者的捐助比例（97.1% vs. 93.2%，NS），且美国的样本也是如此（90.4%对 81.2%，NS）。更重要的结果是，在个体受害者的情况下，美国捐助者对信息详尽的受害者的捐助的百分比（90.0%）显著地高于信息简略的受害者的比例（72.5%）、(X^2 = 4.021，df = 1，p<.05)。然而，这种模式并没有在群体条件下（p=.48）或者是中国样本中复制（p=.30）。

3. 痛苦的评分（Ratings of distress）

接下来是情感反应的评分，对于痛苦的评分采用与 WTC 得分同样的 2（样本）×2（组别）×2（信息详尽与否）方差分析（ANOVA）。结果显示，与面对个体受害者相比，参与者面对群体受害者时痛苦得分

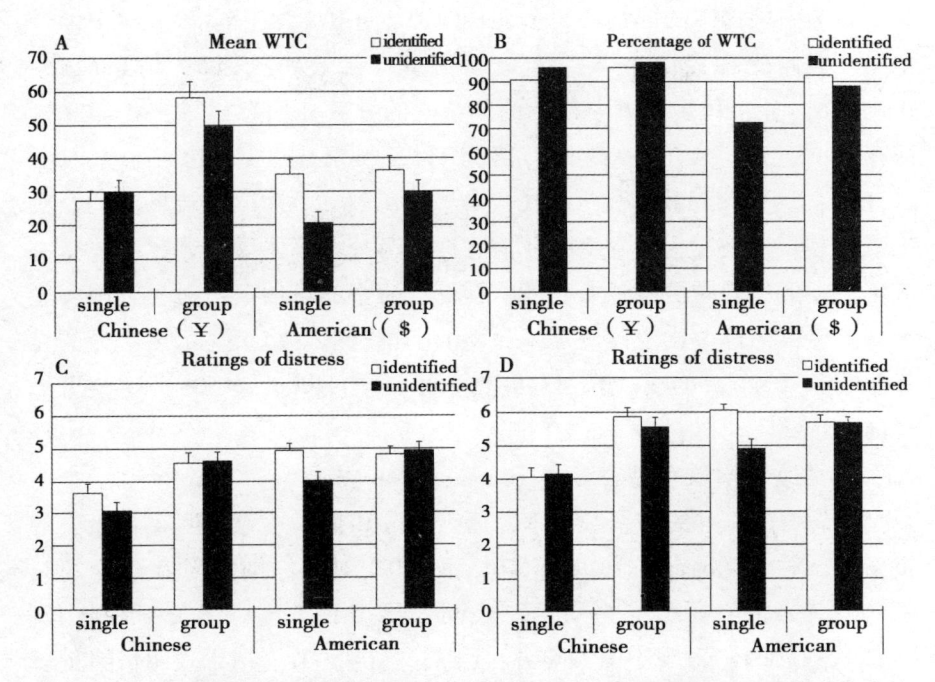

图 5.15 中国和美国的样本面对不同条件下的待助者的捐助情况。误差线代表均值的标注误。(A) 平均捐助意愿，(B) 平均的捐助者的比例，(C) 痛苦等级的平均得分 (D) 移情等级的平均得分

更高，F（1，363）= 17.73，p<.001。样本×组别的交互作用也是显著的，F（1，363）= 4.67 p=.03，仅对中国参与者而言，与个人受害者相比（M=3.35），群体受害者的得分更高（M=4.60），t（206）= 4.80，p<.001。然而，在美国样本中并没有发现类似的群体与个体间的差异，t（161）= 1.37，p=.17。此外，样本、组别和信息详尽与否之间的三重交互作用不显著（p=.60）（参见图 5.15C）。

4. 移情的评分（Ratings of sympathy）

与痛苦评分的结果相似，参与者面对群体受害者比面对个体受害者时，他们感到更强烈的同情情感，F（1，363）= 23.18，p<.001。样本×组别×信息详尽与否的交互作用是显著的，F（1，363）= 4.23，p=.04。事后分析的结果表明，对于美国实验参与者而言，信息详尽的个体受害者（M=6.05）比信息简略的个体受害者诱发了更多的同情情感（M=4.90），t（78）= 2.90，p<.01。然而，个体确定性信息效应

并不影响中国样本的同情心得分，t（101）= 0.25，p=.80。在中国样本中，群体受害者条件下的得分（信息详尽：M = 5.86，信息简略：M = 5.56）比个体受害者条件下的同情心的分数（信息详尽：M = 4.07，信息简略：M = 4.16）更高，信息详尽的情况：t（103）= 5.16，p<.001；信息简略的情况：t（101）= 3.98，p<.001。该结果表明，对于中国参与者来说，无论受害者信息详尽与否，群体受害者比个体受害者诱发了更强的同情情感。此外，在信息简略的条件下，对于美国实验参与者而言，群体比个体诱发了更强的同情情感，结果显示出明显的显著性倾向（M = 5.67 vs. M = 4.90，t（80）= 1.96，p=.05）（参见图5.15d）

5. 情绪对捐款意愿的影响（Emotions on WTC）

中美两个样本的结果都显示，痛苦评分和捐助意愿之间存在显著的相关性，对于美国参与者：r=.46，p<.001；对于中国参与者：r=.33，p<.001。同情心评分与捐助意愿之间也显著相关，对于美国参与者：r=.50，p<.001；对于中国参与者：r=.36，p<.001。结果表明情绪量表的评分越高，捐助的意愿就越大。此外，我们还发现，美国参与者的痛苦评分与同情心评分显著相关，r=.60，p<.001；对于中国实验参与者也是如此，r=.63，p<.001。

为了更好地理解诱发的情绪对捐助意愿的影响，我们把痛苦和同情得分作为协变量，通过两个独立因素（组别和信息详尽与否）来分析中国参与者的捐助意愿。结果仍显示了组别（个体VS群体）具有显著的主效应（1，202）= 8.26，p<.01，诱发痛苦的情感的主效应显著，F（1，202）= 4.21，p=.04；诱发移情的情感的主效应也显著，F（1，202）= 4.38，p=.04。同样的协方差分析也是在美国被试样本中进行。结果只产生了非常显著的诱发的情感效应，对于痛苦情感（F（1，157）= 8.10，p<.01），移情情感（F（1，157）= 15.36，p<.01）。此外无其他指标达到统计学显著水平。

（四）讨论

当前的研究调查了中国和美国的参与者，考察了捐助决策中的文化差异。中国的数据结果显示了人们对于群体受害者比个体受害者更强烈的情绪反应和捐助意愿。而美国的数据结果表明，一个信息详尽的个体受害者所获得的捐款和同情要远远高于一个信息简略的个体，该结果表明确定性信息效应更适用于个体受害者而不是群体受害者（Kogut & Ritov, 2005a; Kogut & Ritov, 2005b; Kogut & Ritov, 2007; Small et al., 2007）。

需要注意的是，具有详尽信息的受害者要比统计数据更生动，受害者越生动，就越容易唤起人们的同情情感。群体中详尽的信息可能不像在个体条件下那么生动，这有可能导致确定性信息效应在群体中不那么显著。中国参与者更喜欢帮助群体，因而确定性信息效应在中国参与者的捐助决策中并没有起到显著的作用。中国的结果没有重复西方的发现（信息详尽的个体受害者比群体受害者得到更大的帮助，不管群体的信息详尽与否）。这些结果可以部分被认知加工过程中的文化差异所解释，据报道中国人比美国人更少关注焦点信息（Chua et al., 2005），这可能会使详尽的信息变得不那么突出。

在中国和美国的文化中，做出帮助决策的心理机制是不同的。尽管中美两种文化的道德规范都包含个人权利、个人的职责和社会的目标，然而，这三个概念在优先考虑的级别上是有区别的（Dworkin, 1977）。西方个人主义的文化强调个人权利，而深受儒家文化影响的中国文化则提供了一个与美国社会完全不同的视角，更加重视责任（Bedford & Hwang, 2003）。中国人更喜欢强调社会关系，而美国人更喜欢个人偏好（Menon et al., 1999; Morris & Peng, 1994）。此外，生动的信息可以影响个人情绪，但似乎与道德责任无关，这可能是对确定性信息效应受文化制约的结果的一种可能的解释。同时，这一解释也符合实验中美国参与者的结果，在没有确定性信息的情况下，美国参与者也表现出帮助群体而不是个体的趋势。此外，中国参与者的实验数据表明，一群受害者比个体受害者引发了更强烈的情绪反应和捐助意愿。中国的儒家文化强调个人责任和社会目标，帮助更多有需要的人似乎更能与社会目标的实现有关。这与孟子提出的帮助别人的经验法则是一致的，即：老吾老以及人之老，幼吾幼以及人之幼（Bedford & Hwang, 2003）。

先前的研究强调了情绪在帮助行为中的作用，以及情绪反应可以引导人们决定是否做出帮助决策（Kogut, 2011）。事实上，我们的实验结果表明所引发的情绪在中国和美国参与者的捐助决策中都发挥着重要作用。然而，与美国结果中发现的捐助意愿的模式不同，美国结果中的情绪反应似乎是决定捐助意愿的主要来源，而中国人对于群体受害者的偏爱似乎在某种程度上独立于受害者所引起的情绪反应，至少，并不完全依赖于情感因素。先前的研究表明，人们的决策可能会遵循不同的社会规则或规范。例如，中国人在做决策时可能会遵循合情合理的规范（Zhang & Yang, 1998），综合考虑情感因素和理性因素，他们更倾向于喜欢妥协和整合的解决方案（Nisbett & Miyamoto, 2005; Miyamoto et al., 2006）。最近的一项关于道德决策的研究中，也发现与西方人相比，中国人倾向于采用一种相对整合的信息处理方式（Wang et al., 2014）。

综上所述，我们的研究表明，在试图了解人们的亲社会行为时，考虑文化差异是非常重要的。这些在中国和美国社会不同的帮助模式表明，如果要更好地激励人们做出亲社会的帮助决策，必须要考虑到文化因素。将来的实验研究将需要考察真正的货币对捐助决策的影响，以及揭示帮助决策中文化差异的潜在神经机制。

（五）结论

在我们的实验结果中，发现了文化差异所引起的捐助决策的不同。在集体主义社会的中国，不同于西方的个人主义社会，我们更多地关注群体。因而，在我们虚拟的捐款决策中，对于同等条件下的群体，中国人愿意给予更大的关心和帮助。而在美国的实验结果复制了个体确定性信息效应，他们更愿意对信息详尽的个体而不是信息简略的个体伸出援助之手。这与他们个人主义文化，强调个体的独立性密不可分。人们的价值观念和思维方式在很大程度上受到文化的影响，人们的许多观点、看法的形成都离不开特定的文化背景。正是由于集体主义与个人主义文化的差异，中西方的捐助实验得到了不同的实验结果。

中西方思维模式以及文化差异的存在，这是毋庸置疑的客观事实。但是，随着社会经济的不断发展，东西方文化的交流也日趋广泛，彼此文化也在不断地相互渗透和影响。在这种情况下，更需要跨文化的研究来开阔我们的视野，加深了我们对社会现象以及社会本质的认识，来促进社会向更好的方向发展。同时，跨文化的研究也丰富了社会心理学的理论，促使我们更全面地认识社会以及人类自身。

小　结

　　心理学家 Haidt 所提到的道德领域研究的拒绝伤害行为、公平性、对群体忠诚、服从权威以及精神纯洁这五个方面（Haidt，2007），本章的案例研究主要涉及研究最广泛的前两个方面，然而对于其他方面的研究也是非常有意义的，接下来的工作可以就此进一步展开。例如，由于像中国等东方文化为典型的集体主义文化，欧美等西方文化为典型的个人主义文化，相比西方人，东方人更加注重和强调集体的作用。因而，东西方人对群体忠诚这一方面很可能存在着文化差异。在行为结果上，可以预期东方人比西方人可能会做出更多的忠诚于群体的决策。借助于神经科学的手段，可以进一步考察东西方人在这一决策过程反映在大脑潜在神经机制的差异。其次，本章的案例研究对道德两难决策权衡的研究主要应用了 ERP 和 sLORETA 溯源分析的研究方法，接下来的工作可以从方法学的角度进一步挖掘数据，例如可以通过脑功能网络的方法进一步考察在道德两难决策过程中大脑资源的分配等。再次，由于 ERP 技术具有较高的时间分辨率，而 fMRI 技术具有较高的空间分辨率，对道德两难决策权衡的进一步研究可以把 ERP 和 fMRI 的研究手段相结合，以增进数据和结论的准确性。

第六章

结论与展望

目前,研究者对于道德两难决策权衡的相关研究已经取得了丰硕成果。人类对道德问题的探讨,已由千年前的单纯的思辨过程发展到目前神经科学的实证研究。已有的研究不仅揭示了道德心理的认知神经基础和认知—情绪相互作用机制,丰富了道德两难决策权衡过程的相关理论,还开拓了研究视野,有力地推动了道德心理学的发展,为道德哲学和道德教育提供坚实的实证支持。然而,现有关于道德两难决策权衡的相关研究依然存在着不少问题,未来的研究还需要进一步地完善,将来可以在以下这几个方面展开相关工作。

一 整合研究视角

曾经,研究者试图找到一个专属于道德的脑区,但随着实验材料和实验证据的不断积累,人们更加确信道德两难决策权衡是由情绪、认知等多种概念和加工过程复合在一起的,大脑中似乎并不存在一个区域专门负责管理道德相关的事物(Young & Dungan,2011)。基于道德两难决策权衡的复杂性,未来的道德判断研究不应仅仅强调其生理基础或社会文化氛围,而应当博采众长,不仅使用实验法的研究分析、定量分析等科学手段,同时结合人文主义的内省方法等定性分析手段,力图从一个整合研究视角来分析和研究道德两难决策权衡(李宏翰、温舒雯,2017)。此外,研究人员还应将传统心理学、认知神经科学、生物学、进化论心理学等研究视角整合起来,为道德两难决策权衡的研究注入新的血液。

二 多种脑成像技术相结合

目前关于道德两难决策权衡的研究结果相对零散,大多数脑成像的研究主要基于功能磁共振成像的神经影像技术,主要关注的还是道德两难决策脑区定位,且尚不明确在不同道德情境中各个脑区激活部位或程度是否存在差异,并且对道德两难决策权衡的动态加工过程也缺少探讨。功能磁共振成像技术提供了神经过程的较为精确的空间信息,但它并不是唯一的成像技术,不同的成像技术有其各自的优点。例如,事件相关电位等电生理学方法有着较高的时间分辨率,可以揭示神经过程的时序动态特点。脑刺激的方法则可以通过刺激大脑的相关部位,引发局部的兴奋或抑制,来考察"虚拟性损伤"条件下神经系统的功能变化。因此,今后的道德两难决策权衡脑机制研究可以综合采用功能性磁共振成像技术、事件相关电位和脑刺激等多种神经成像方法,从空间、时间和"损伤"等不同的角度全方面共同探究道德两难决策权衡的神经机制。

三 实验情境的真实性

目前,有关道德两难决策权衡的研究范式多采用假设的道德情境。无论是关于伤害行为的道德两难判断,还是有关公平决策的最后通牒博弈,大都采用实验室中假定的情境。诚然,这种方式有助于排除其他因素的影响,方便对变量进行严格控制,得到相对纯净的结果。然而,进一步的研究应该走出这个框架,探讨真实情境下的道德两难决策权衡。

尽管道德两难困境比一般的道德问题更能吸引被试的兴趣,实验室中的两难困境和现实生活中的情境还有一定的差距,生态效度较低。而这将直接对实验结论和推论造成影响。因而,将来的研究应格外注重实验情境与现实生活的接近。一方面可以通过使用新技术、新方法提高道德两难困境的生态效度,让研究更加贴近现实生活。例如,近年来,随着虚拟现实技术(virtual reality)在心理学研究中的应用,研究者创设虚拟的两难情景,使个体更加投入情境中,捕捉个体更加真实的反应(Skulmowski et al., 2014)。另一方面要注重人际互动在道德两难决策权衡中的重要性。真实的道德活动离不开人际互动。未来研究可以探索同步交互记录在道德的脑机制研究中的可能性与适用性。这一方法能够测量互动双方的大脑活动，便于分析他们大脑活动的关联，利于生态效度的提高（王云强、郭本禹，2017）。

四 被试群体的多样性

道德两难决策权衡的大多数研究均以大学生作为实验对象。而且一些研究也证明，大学生作为被试的实验室研究得到的结果与社会人士作为被试得到的研究结果没有显著差异（Güth, et al., 2007）。然而，这些研究比较都是均值，忽略了组内比较。大学生群体是方便样本，但同时又是一个特殊群体。一直在校园生活中求学的学子们，较少经历社会生活的磨砺，这一群体道德两难决策权衡的结果能否代表社会上的大多数人尚未可知（吴燕，2012）。因而，将来的道德两难决策权衡的研究有必要尝试多个不同的被试群体。还应将特殊的被试群体也考虑进来，例如精神病患者、焦虑抑郁人群、罪犯、弱势群体等。此外，对于道德两难决策的研究还可以从多角度展开，例如不同年龄段的人群（包括儿童、成年人、老年人等）对道德两难问题的权衡以及相应的脑机制是否存在着差异呢？这也是一个非常有意义的研究课题。

五 中国文化下的道德两难决策权衡

在我国学术界有很多与道德理论相关的研究成果，但是与中国本土文化息息相关，对于中国当代面临的重大而紧迫的道德问题有贡献的基础性理论创新并不多见。目前，大多数的中国学者使用与西方研究相似的问题框架来研究道德两难决策权衡，忽视了文化特异性的影响。而不同文化、不同种族的人们进行道德判断的过程和结果都存在着差异（Gold et al., 2014; Graham et al., 2016）。已有研究表明，东西方不同文化背景的被试在道德两难决策权衡过程中的信息加工方式是不同的，西方被试可能更早地进入决策启动阶段，而中国被试在进行道德决策判断时倾向于采用一种相对整合的信息加工方式（Wang et al., 2014）。此外，像"亲亲相隐""大义灭亲"等传统的道德两难问题，学者也应引起足够的重视（徐同洁等，2018）。在进行道德两难决策权衡的相关研究时，中国学者应立足于国情，结合传统文化与当代社会的道德问题

(诚信缺失以及公平问题),编制适合于中国人的道德两难情境,对此类问题的探究不仅有助于丰富本土的道德理论,还可以更好地造福于民,造福于社会。

六 跨学科交叉合作

人类的道德两难决策权衡受到生物和环境等多种因素的影响。已有研究发现,个体的道德判断受到催产素受体基因(OXTR)等的影响(Walter et al., 2012)。目前,还没有研究报道通过构建激素—基因—脑—环境—行为的多视角模型来深入考察大脑—道德心理—行为之间的联系(王云强、郭本禹,2017)。而开展多学科交叉合作的研究已成为当代所有研究者的共识。问题导向的跨学科的优势在于各个学科的技术共享,如借助于跨学科的视角和现代仪器的结合,已经刷新我们以往的认知极限。这些跨学科技术的共享,帮助人们攻克了一个又一个学术难题。因此,对人类道德两难决策权衡的探寻需要经济学的模型建立、神经科学的成像技术与数据分析、心理学的实验设计、生物学的基因分析技术、医学的病历分析技术、计算机科学的自动化技术等多学科多种技术的融合,从而获得更广阔的视野,取得更有启发性和创造性的成果。

参考文献

[美]安东尼奥·达马西奥：《笛卡尔的错误：情绪、推理和大脑》，殷云露译，北京联合出版公司，2018年版。

蔡厚德、张权、蔡琦等：《爱荷华博弈任务（IGT）与决策的认知神经机制》，《心理科学进展》2012年第9期。

陈武英、卢家楣、刘连启等：《共情的性别差异》，《心理科学进展》2014年第9期。

邓颖、徐富明、李欧等：《社会偏好中的框架效应》，《心理科学进展》2016年第4期。

冯士刚：《认知与情绪相互作用的神经与免疫学研究》，博士学位论文，大连理工大学，2009年。

关龙舟、魏云、李小俚：《经颅电刺激——一项具有发展前景的脑刺激技术》，《中国医疗设备》2015年第11期。

郭恒、何莉、周仁来：《经颅直流电刺激提高记忆功能》，《心理科学进展》2016年第3期。

李宏翰、温舒雯：《道德判断研究的历史、现状与展望》，《广西师范大学学报》（哲学社会科学版）2017年第4期。

李健、王艳、唐一源：《道德两难问题ERP的时空分析》，《中国生物医学工程学报》2011年第2期。

李江涛、郑敏军、曹辉：《经颅磁刺激技术的研究进展》，《高电压技术》2016年第4期。

李劲松、王重鸣：《风险偏好类型与风险判断模式的实验分析》，《人类工效学》1998年第3期。

李欧、徐富明、邓颖等：《最后通牒博弈的个体差异和种族文化差异》,《心理科学》2016年第3期。

李纾、谢晓非:《行为决策理论之父:纪念Edwards教授二周年忌辰》,《应用心理学》2007年第2期。

李稳、余细连、张力:《内侧前额叶与社会认知》,《现代生物医学进展》2008年第11期。

李晓明、傅小兰:《情绪性权衡困难下的决策行为》,《心理科学进展》2004年第6期。

李欣华、郑涌:《人格与病理性赌博研究述评》,《心理科学进展》2008年第5期。

李秀丽、李红、孙昕怡:《简评爱荷华赌博任务》,《保健医学研究与实践》2009年第3期。

李雪姣、邹枝玲:《经颅直流电刺激技术在物质依赖治疗中的应用》,《心理科学进展》2016年第9期。

梁凤华、段锦云:《道德判断中的框架效应:一个新的视角》,《心理学探新》2018年第1期。

林潇、周宏丽、黄芥等:《公平行为的认知神经机制》,《心理科学》2015年第2期。

刘长江、郝芳:《不对称社会困境中社会价值取向对合作的影响》,《心理学报》2011年第4期。

刘玉红、吴燕、陈涛等:《情绪对决策影响的研究》,《成都医学院报》2010年第3期。

陆璐:《程序公正与分配公平对决策影响的文献综述》,《商业经济》2011年第2期。

罗俊、叶航、郑昊力等:《左右侧颞顶联合区对道德意图信息加工能力的共同作用——基于经颅直流电刺激技术》,《心理学报》2017年第2期。

罗跃嘉、黄宇霞、李新影等:《情绪对认知加工的影响:事件相关脑电位系列研究》,《心理科学进展》2006年第4期。

罗跃嘉、李万清、彭家欣等:《道德判断的认知神经机制》,《西南大学学报(社会科学版)》2013年第3期。

[美]迈克尔·桑德尔:《公正:该如何是好》,朱慧玲译,中信出

版社 2012 年版。

彭芸爽、王雪、吴嵩等:《生命史理论概述及其与社会心理学的结合——以道德行为为例》,《心理科学进展》2016 年第 3 期。

乔玉成:《进化·退化:人类体质的演变及其成因分析——体质人类学视角》,《体育科学》2011 年第 6 期。

邵希娟、杨建梅:《行为决策及其理论研究的发展过程》,《科技管理研究》2006 年第 5 期。

孙晓玲、吴明证:《社会距离知觉对道德判断的影响研究》,《应用心理学》2013 年第 2 期。

王瑞乐、杨琪、汪海彬:《道德判断与道德观:生命史策略的预测作用》,《乐山师范学院学报》2018 年第 6 期。

王艳、金珏、邱香等:《提示线索位置影响斜线任务中 Flanker 与 Simon 冲突间的交互作用》,《现代生物医学进展》2008 年第 10 期。

王燕、陆慧菁:《从演化的角度看人类心理——评张雷的〈进化心理学〉》,《心理科学》2010 年第 1 期。

王云强、郭本禹:《大脑是如何建立道德观念的:道德的认知神经机制研究进展与展望》,《科学通报》2017 年第 25 期。

魏景汉、罗跃嘉:《事件相关电位原理与技术》,科学出版社 2010 年版。

吴燕:《公平博弈》,浙江大学出版社 2012 年版。

向剑锋:《进化视角下基于生命史理论的体力活动行为机制分析》,《中国体育科技》2017 年第 6 期。

徐大建:《功利主义道德标准的实质及其缺陷》,《上海财经大学学报》(哲学社会科学版) 2009 年第 2 期。

徐平、迟毓凯:《道德判断的社会直觉模型述评》,《心理科学》2007 年第 2 期。

徐同洁、刘燕君、胡平等:《道德两难困境范式在心理学研究中的使用:回顾与展望》,《中国临床心理学杂志》2018 年第 3 期。

许东滨、梁明辉、林悦铭等:《经颅磁刺激仪的应用及关键技术》,《医疗装备》2018 年第 15 期。

杨春林、蒋振洲、吴书峰等:《便携式经颅磁刺激仪的技术进展》,

《中国医疗设备》2016年第1期。

杨蓉：《中西思维模式与汉英语用差异》，《湖北省社会主义学院学报》2004年第3期。

杨天亮、辛斐、雷旭：《人类大脑结构和功能的性别差异：来自脑成像研究的证据》，《心理科学进展》2015年第4期。

詹泽、吴宝沛：《无处不在的伤害：二元论视角下的道德判断》，《心理科学进展》2019年第1期。

张大山、史慧颖、刘威等：《经颅直流电刺激在抑郁症治疗中的应用》，《心理科学进展》2015年第10期。

张海敏、陈盛祖：《一种新的脑功能显像分析法——统计参数图（SPM）》，《中国医学影像技术》2002年第7期。

张慧、马红宇、徐富明等：《最后通牒博弈中的公平偏好：基于双系统理论的视角》，《心理科学进展》2018年第2期。

钟毅平、陈海洪：《心理距离对道德行为判断的影响》，《心理学探新》2013年第1期。

周晓林、胡捷、彭璐：《社会情境影响公平感知及相关行为的神经机制》，《心理与行为研究》2015年第5期。

周晓林、执行控制：《一个具有广阔理论前程和应用前景的研究领域》，《心理科学进展》2004年第5期。

Abrams D, Hogg M A. "Comments on the motivational status of self-esteem in social identity and intergroup discrimination." *European Journal of Social Psychology*, 1988, 18 (4): 317-334.

Aichhorn, M., Perner, J., Weiss, B., Kronbichler, M., Staffen, W., & Ladurner, G. "Temporo-parietal junction activity in theory-of-mind tasks: Falseness, beliefs, or attention." *Journal of Cognitive Neuroscience*, 2009, 21 (6), 1179-1192.

Amodio D M, Frith C D. "Meeting of minds: the medial frontal cortex and social cognition." *Nature Reviews Neuroscience*, 2006, 7 (4): 268-277.

Anen C R. *Neural Correlates of Economic and Moral Decision-Making*. Pasadena: California Institute of Technology, 2007.

Antal, A., Kincses, T. Z., Nitsche, M. A., Bartfai, O., &Paulus,

W. "Excitability changes induced in the human primary visual cortex by transcranial direct current stimulation: Direct electrophysiological evidence." *Investigative Ophthalmology & Visual Science*, 2004, 45 (2), 702-707.

Bargh, J A. "The unbearable automaticity of being." *American Psychologist*, 1999, 54 (7): 462-479.

Barker AT, Jalinous R, Freeston IL. "Non-invasive Magnetic Stimulation of the Human Motor Cortex." *Lancet*, 1985, 1 (8437): 1106-1107.

Barrett DW, Wosinska W, Butner J, Petrova P, Gornik-Durose M, Cialdini RB. "Individual differences in the motivation to comply across cultures: the impact of social obligation." *Personality and Individual Differences*, 2004, 37 (1): 19-31.

Baumeister R F, Bratslavsky E, Muraven M, et al. "Ego depletion: is the active self a limited resource." *J Pers Soc Psychol*, 1998, 74 (5): 1252-1265.

Baumeister R F, Schmeichel B J, Vohs K D. Self-regulation and the executive function: The self as controlling agent. In: *Social Psychology: Handbook of Basic Principles*. New York: Guilford Press, 2007, 516-539.

Baumeister R F. "Yielding to temptation: Self-control failure, impulsive purchasing, and consumer behavior." *Journal of Consumer Research*, 2002, 28 (4): 670-676.

Bechara A, Damasio A R, Damasio H, et al. "Insensitivity to future consequences following damage to human prefrontal cortex". *Cognition*, 1994, 50 (1-3): 7-15.

Bechara A, Damasio H, Tranel D, et al. "Deciding advantageously before knowing the advantageous strategy". *Science*, 1997, 275 (5304): 1293-1295.

Bechara A. "Decision making, impulse control and loss of willpower to resist drugs: a neurocognitive perspective." *Nat Neurosci*, 2005, 8 (11): 1458-1463.

Bedford O, Hwang KK. "Guilt and Shame in Chinese Culture: A Cross-cultural Framework from the Perspective of Morality and Identity."

Journal for the Theory of Social Behaviour 2003, 33 (2): 127-144.

Bieleke, M., Gollwitzer, P. M., Oettingen, G., & Fischbacher, U. "Social value orientation moderates the effects of intuition versus reflection on responses to unfair ultimatum offers." *Journal of Behavioral Decision Making*, 2017, 30: 569-581, doi: 10. 1002/ bdm. 1975.

Blader S L, Tyler T R. "Testing and extending the group engagement model: linkages between social identity, procedural justice, economic outcomes, and extrarole behavior." *Journal of Applied Psychology*, 2009, 94 (2): 445-464.

Brown K W, Goodman R J, Inzlicht M. "Dispositional mindfulness and the attenuation of neural responses to emotional stimuli." *Soc Cogn Affect Neurosci*, 2013, 8 (1): 93-99.

Bush G, Shin L M, Holmes J, et al. "The Multi-Source Interference Task: validation study with fMRI in individual subjects." *Mol Psychiatry*, 2003, 8 (1): 60-70.

Bush G, Shin L M. "The Multi-Source Interference Task: an fMRI task that reliably activates the cingulo-frontal-parietal cognitive/attention network." *Nat Protoc*, 2006, 1 (1): 308-313.

Cai X, Li F, Wang Y, et al. "Electrophysiological correlates of hypothesis evaluation: Revealed with a modified Wason's selection task." *Brain res*, 2011, 1408: 17-26.

Calvillo, D. P., & Burgeno, J. N. "Cognitive reflection predicts the acceptance of unfair ultimatum game offers." *Judgment and Decision Making*, 2015, 10 (4), 332-341.

Carretié L, Iglesias J, Garcia T, et al. "N300, P300 and the emotional processing of visual stimuli." *Electroencephalogr Clin Neurophysiol*, 1997, 103 (2): 298-303.

Carretié L, Mercado F, Tapia M, et al. "Emotion, attention, and the 'negativity bias', studied through event-related potentials." *Int J Psychophysiol*, 2001, 41 (1): 75-85.

Casebeer W D, Churchland P S. "The neural mechanisms of moral cognition: A multiple - aspect approach to moral judgment and decision - making." *Biology and Philosophy*, 2003, 18 (1): 169-194.

Casebeer W D. "Moral cognition and its neural constituents." *Nat Rev Neurosci*, 2003, 4 (10): 840-846.

Cavanna A E, Trimble M R. "The precuneus: a review of its functional anatomy and behavioural correlates." *Brain*, 2006, 129 (3): 564-583.

Chapman HA, AndersonAK. "Things rank and gross in nature: a review and synthesis of moral disgust." *Psychological Bulletin*, 2013, 139 (2): 300-327.

Chelini C, Lanteri A, Rizzello S. "Moral Dilemmas and Decision-Making: An Experimental Trolley Problem." *International Journal of Social Sciences*, 2009, 4 (4): 174-182.

Chen P, Qiu J, Li H, et al. "Spatiotemporal cortical activation underlying dilemma decision-making: an event-related potential study." *Biol Psychol*, 2009, 82 (2): 111-115.

Chen Y R, Brockner J, Katz T. "Toward an explanation of cultural differences in in-group favoritism: The role of individual versus collective primacy." *Journal of Personality and Social Psychology*, 1998, 75 (6): 1490-1502.

Chiu L H. "A cross-cultural comparison of cognitive styles in Chinese and American children." *International Journal of Psychology*, 1972, 7 (4): 235-242.

Choi I, Dalal R, Kim - Prieto C, et al. "Culture and judgment of causal relevance." *Journal of Personality and Social Psychology*, 2003, 84 (1): 46-59.

Chua HF, Boland JE, Nisbett RE. "Cultural variation in eye movements during scene perception." *Proceedings of the National Academy of Sciences of the United States of America*, 2005, 102 (35): 12629-12633.

Chuah, S. H., Hoffmann, R., Jones, M., & Williams, G. "An economic anatomy of culture: Attitudes and behaviour in inter-and intra-national ultimatum game experiments." *Journal of Economic Psychology*, 2009,

30 (5), 732-744.

Chuah, S. H., Hoffmann, R., Jones, M., & Williams, G. "Do cultures clash? Evidence from cross-national ultimatum game experiments." *Journal of Economic Behavior and Organization*, 2007, 64 (1), 35-48.

Ciaramelli E, Muccioli M, Ladavas E, et al. "Selective deficit in personal moral judgment following damage to ventromedial prefrontal cortex." *Soc Cogn Affect Neurosci*, 2007, 2 (2): 84-92.

Clark V P, Fan S, Hillyard S A. "Identification of early visual evoked potential generators by retinotopic and topographic analyses." *Human Brain Mapping*, 1995, 2 (3): 170-187.

Conway P, Gawronski B. "Deontological and utilitarian inclinations in moral decision making: a process dissociation approach." *Journal of Personality and Social Psychology*, 2013, 104 (2): 216-235.

Cosmides L, Tooby J, Kurzban R. "Perceptions of race." *Trends in Cognitive Sciences*, 2003, 7 (4): 173-179.

Damasio A R, Tranel D, Damasio H. "Individuals with sociopathic behavior caused by frontal damage fail to respond autonomically to social stimuli." *Behavioural brain research*, 1990, 41 (2): 81-94.

Damasio A R. "The somatic marker hypothesis and the possible functions of the prefrontal cortex." *Philos Trans R Soc Lond B Biol Sci*, 1996, 351 (1346): 1413-1420.

Damasio A. *Descartes' error: Emotion, Reason and the Human Brain*. New York: Putnam, 1994.

De Pascalis V, Arwari B, D'Antuono L, et al. "Impulsivity and semantic/emotional processing: an examination of the N400 wave." *Clin Neurophysiol*, 2009, 120 (1): 85-92.

Decety J, Keenan J P. "Social Neuroscience: A new journal." *Social Neuroscience*, 2006, 1 (1): 1-4.

Declerck CH, Boone C, Emonds G. "When do people cooperate? The neuroeconomics of prosocial decision making." *Brain Cogn.* 2013, 81: 95-117.

Del Giudice M, Gangestad SW, Kaplan HS. Life history theory and evolutionary psychology. In: *Handbook of Evolutionary Psychology*. Hoboken: Wiley, 2015.

Delplanque S, Lavoie M E, Hot P, et al. "Modulation of cognitive processing by emotional valence studied through event-related potentials in humans." *Neuroscience letters*, 2004, 356 (1): 1-4.

Donchin E, Coles M G H. "Is the P300 component a manifestation of context updating." *Behavioral and Brain Sciences*, 1988, 11 (3): 357-427.

Dworkin R. *Taking rights seriously*. Cambridge, MA: Harvard University Press, 1977.

Edwards W. "The theory of decision making." *Psychological Bulletin*, 1954, 51 (4): 380.

Eimer M, Holmes A. "Event-related brain potential correlates of emotional face processing." *Neuropsychologia*, 2007, 45 (1): 15-31.

Epstein S. "Integration of the cognitive and the psychodynamic unconscious." *American psychologist*, 1994, 49 (8): 709-724.

Eriksen B A, Eriksen C W. "Effects of noise letters upon the identification of a target letter in a nonsearch task." *Perception & Psychophysics*, 1974, 16 (1): 143-149.

Fan J, McCandliss B D, Fossella J, et al. "The activation of attentional networks." *Neuroimage*, 2005, 26 (2): 471-479.

Federici S, Stella A, Dennis JL, Hünefeldt T. "West vs. West like East vs. West? A comparison between Italian and US American context sensitivity and Fear of Isolation." *Cognitive Processing*, 2011, 12 (2): 203-208.

Figueredo A J, Andrzejczak D J, Jones D N, et al. "Reproductive strategy and ethnic conflict: Slow life history as a protective factor against negative ethnocentrism in two contemporary societies." *Journal of Social, Evolutionary, and Cultural Psychology*, 2011, 5 (1): 14-31.

Fitzgerald P B, Sarah F, Daskalakis Z J. "A comprehensive review of the effects of rTMS on motor cortical excitability and inhibition." *Clinical Neu-*

rophysiology, 2006, 117 (12): 2584-2596.

Freeman JB, Ma Y, Han S, Ambady N. "Influences of culture and visual context on real-time social categorization." *Journal of Experimental Social Psychology*, 2013, 49 (2): 206-210.

Friesdorf R, Conway P, Gawronski B. "Gender differences in responses to moral dilemmas: a process dissociation analysis." *Personality and Social Psychology Bulletin*, 2015, 41 (5): 696-713.

Fu S, Parasuraman R. Event-related potentials (ERPs) in neuroergonomics. In: *Neuroergonomics: The Brain at Work*. New York: Oxford university Press, 2007, 32-50.

Fuchs M, Kastner J, Wagner M, et al. (2002). "A standardized boundary element method volume conductor model." *Clin Neurophysiol*, 2002, 113 (5): 702-712.

Fumagalli M, Ferrucci R, Mameli F, et al. "Gender-related differences in moral judgments." *Cognition Processes*, 2010, 11 (3): 219-226.

Gao Y, Tang S. "Psychopathic personality and utilitarian moral judgment in college students." *Journal of Criminal Justice*, 2013, 41 (5): 342-349.

Gevins A S, Zeitlin G M, Ancoli S, et al. "Computer rejection of EEG artifact. II. Contamination by drowsiness." *Electroencephalography and Clinical Neurophysiology*, 1977, 43 (1): 31-42.

Gevins A, Smith M E. Electroencephalography (EEG) in neuroergonomics. In: *Neuroergonomics: The Brain at Work*. New York: Oxford university Press, 2007, 15-31.

Gladden, P. R., Welch, J., Figueredo, A. J., & Jacobs, W. J. "Moral intuitions and religiosity as spuriously correlated life history traits." *Journal of Evolutionary Psychology*, 2009, 7 (2), 167-184.

Gold N, Colman AM, Pulford BD. "Cultural differences in responses to real-life and hypothetical trolley problems." *Judgment and Decision Making*, 2014, 9 (1): 65-76.

Goodenough O R, Prehn K. "A neuroscientific approach to normative judgment in law and justice." *Philos Trans R Soc Lond B Biol Sci*, 2004, 359 (1451): 1709-1726.

Graham JM, Peter BE Johnson KM, et al. "Cultural differences in moral judgment and behavior, across and within societies." *Current Opinion in Psychology*, 2016, 8: 125-130.

Grasso D J, Moser J S, Dozier M, et al. "ERP correlates of attention allocation in mothers processing faces of their children." *Biol Psychol*, 2009, 81 (2): 95-102.

Gray H M, Ambady N, Lowenthal W T, et al. "P300 as an index of attention to self-relevant stimuli." *J Exp Soc Psychol*, 2004, 40 (2): 216-224.

Greene J D, Nystrom L E, Engell A D, et al. "The neural bases of cognitive conflict and control in moral judgment". *Neuron*, 2004, 44 (2): 389-400.

Greene J D, Sommerville R B, Nystrom L E, et al. "An fMRI investigation of emotional engagement in moral judgment." *Science*, 2001, 293 (5537): 2105-2108.

Greene J, Haidt J. "How (and where) does moral judgment work." *Trends Cogn Sci*, 2002, 6 (12): 517-523.

Greene J. Cognitive neuroscience and the structure of the moral mind. In: *The innate mind: Structure and contents.* New York: Oxford University Press, 2005, 338-353.

Greene J. "From neural 'is' to moral 'ought': What are the moral implications of neuroscientific moral psychology." *Nature Reviews Neuroscience*, 2003, 4 (10): 846-850.

Griskevicius V, Delton AW, Robertson TE, Tybur JM. "Environmental contingency in life history strategies: the influence of mortality and socioeconomic status on reproductive timing." *Journal of Personality.* 2011, 100 (2): 241-254.

Güth, W., & Kocher, M. G. "More than thirty years of ultimatum bargaining experiments: Motives, variations, and a survey of the recent literature." *Journal of Economic Behavior and Organization*, 2014, 108, 396-409.

Güth, W., Schmidt, C., Sutter, M. "Bargaining outside the lab-A newspaper experiment of a three-person ultimatum game." *Economic Journal*, 2007, 117, 449-469.

Güth, W., Schmittberger, R., and Schwarze, B. "An Experimental Analysis of Ultimatum Bargaining." *Journal of Economic Behavior and Organization*, 1982, 3 (4), 367-388.

Haidt J. "The emotional dog and its rational tail: a social intuitionist approach to moral judgment." *Psychological Review*, 2001, 108 (4): 814-834.

Haidt J. "The new synthesis in moral psychology." *Science*, 2007, 316 (5827): 998-1002.

Haidt J, Baron J. "Social roles and the moral judgment of acts and omissions." *European Journal of Social Psychology*, 1996, 26, 201-218.

Hajcak G, MacNamara A, Olvet D M. "Event-related potentials, emotion, and emotion regulation: an integrative review." *Dev Neuropsychol*, 2010, 35 (2): 129-155.

Harry C. Triandis. "Cross-cultural psychology." *Asian Journal of Psychology*, 1999, 2: 127-143.

Henrich J, Boyd R, Bowles S, et al. "In search of homo economicus: Behavioral experiments in 15 small-scale societies." *American Economic Review*, 2001, 91 (2), 73-78.

Hernandez M, Iyengar SS. "What drives whom? A cultural perspective on human agency." *Social Cognition*, 2001, 19: 269-294.

Hillyard S A, Hink R F, Schwent V L, et al. "Electrical signs of selective attention in the human brain." *Science*, 1973, 182 (108): 177-180.

Hoffman E, McCabe K, Smith V L. "Social distance and other-regarding behavior in dictator games." *The American Economic Review*, 1996, 86 (3): 653-660.

Holroyd, C. B., & Coles, M. G. H. "The neural basis of human error processing: Reinforcement learning, dopamine, and the error-related negativity." *Psychological Review*, 2002, 109 (4), 679.

Hong YY, Mallorie LAM. "A dynamic constructivist approach to culture: Lessons learned from personality psychology." *Journal of Research in Personality*, 2004, 38 (1): 59-67.

Hsu M, Anen C, Quartz S R. "The right and the good: distributive justice and neural encoding of equity and efficiency." *Science*, 2008, 320 (5879): 1092-1095.

Hu, J., Blue, P. R., Yu, H. B., Gong, X. L., Xiang, Y., Jiang, C. J., & Zhou, X. L. "Social status modulates the neural response to unfairness." *Social Cognitive and Affective Neuroscience*, 2016, 11, 1-10.

Huang Y, Edwards M J, Rounis E, et al. "Theta burst stimulation of the human motor cortex." *Neuron*, 2005, 45 (2): 201-206.

Huang Y X, Luo Y J. "Temporal course of emotional negativity bias: An ERP study." *Neuroscience letters*, 2006, 398 (1-2): 91-96.

Isreal J B, Wickens C D, Chesney G L, et al. "The event-related brain potential as an index of display-monitoring workload." *Human Factors*, 1980, 22 (2): 211-224.

Ito T A, Larsen J T, Smith N K, et al. "Negative information weighs more heavily on the brain: the negativity bias in evaluative categorizations." *J Pers Soc Psychol*, 1998, 75 (4): 887-900.

Jenni K, Loewenstein G. "Explaining the identifiable victim effect." *Journal of Risk and Uncertainty*, 1997, 14: 235-257.

Johnson R. "A triarchic model of P300 amplitude." *Psychophysiology*, 1986, 23 (4): 367-384.

Kahneman D. "Maps of bounded rationality: Psychology for behavioral economics." *American Economic Review*, 2003, 93 (5): 1449-1475.

Kaplan HS, Gangestad SW. Life history theory and evolutionary psychology. In: *Handbook of Evolutionary Psychology*. Hoboken: John Wiley & Sons, Inc, 2015.

Karim, A. A., Schneider, M., Lotze, M., et al. "The truth about lying: Inhibition of the anterior prefrontal cortex improves deceptive behavior." *Cerebral Cortex*, 2010, 20 (1), 205-213.

Kim Y, Sohn D, Choi SM. "Cultural difference in motivations for using social network sites: A comparative study of American and Korean college students." *Computers in Human Behavior*, 2011, 27 (1): 365-372.

Kitayama S, Duffy S, Kawamura T, Larsen JT. "Perceiving an object and its context in different cultures." *Psychological Science*, 2003, 14 (3): 201-206.

Kitayama S, Park J. "Cultural neuroscience of the self: understanding the social grounding of the brain." *Soc Cogn Affect Neurosci*, 2010, 5 (2-3): 111-129.

Knoch, Daria, et al. "Diminishing Reciprocal Fairness by Disrupting the Right Prefrontal Cortex." *Science*, 2006, 314 (5800): 829-832.

Knott V, Millar A, Fisher D. "Sensory gating and source analysis of the auditory P50 in low and high suppressors." *Neuroimage*, 2009, 44 (3): 992-1000.

Koch I. "Anticipatory response control in motor sequence learning: Evidence from stimulus - response compatibility." *Human Movement Science*, 2007, 26 (2): 257-274.

Koenigs M, Tranel D. "Irrational Economic Decision-Making after Ventromedial Prefrontal Damage: Evidence from the Ultimatum Game", *Journal of Neuroscience*, 2007, 27 (4): 951-956.

Koenigs M, Young L, Adolphs R, et al. "Damage to the prefrontal cortex increases utilitarian moral judgements." *Nature*, 2007, 446 (7138): 908-911.

Kogut T, Ritov I. "One of us: Outstanding willingness to help save a single identified compatriot." *Organizational Behavior and Human Decision Processes*, 2007, 104 (2): 150-157.

Kogut T, Ritov I. "The 'identified victim' effect: an identified group, or just a single individual?" *Journal of Behavioral Decision Making*, 2005a, 18: 157-167.

Kogut T, Ritov I. "The singularity effect of identified victims in separate and joint evaluations." *Organizational Behavior and Human Decision Processes*, 2005b, 97: 106-116.

Kogut T. "Someone to blame: When identifying a victim decreases helping." Journal of *Experimental Social Psychology*, 2011, 47 (4): 748-755.

Kohlberg L, Candee D. The Relationship of Moral Judgement to Moral Action. In: *Morality, Moral Behavior and Moral Development*. New York: Wiley, 1984, 52-73.

Koleva S, Selterman D, Iyer R, et al. "The moral compass of insecurity: anxious and avoidant attachment predict moral judgment." *Social Psychological and Personality Science*, 2013, 5 (2): 185-194.

Kramer A F, Wickens C D, Donchin E. "An analysis of the processing requirements of a complex perceptual-motor task." *Hum Factors*, 1983, 25 (6): 597-621.

Kramer A F, Wickens C D, Donchin E. "Processing of stimulus properties: evidence for dual-task integrality." *J Exp Psychol Hum Percept Perform*, 1985, 11 (4): 393-408.

Kutas M, Federmeier K D. "Electrophysiology reveals semantic memory use in language comprehension." *Trends in Cognitive Sciences*, 2000, 4 (12): 463-470.

Kutas M, Hillyard S A. "Brain potentials during reading reflect word expectancy and semantic association." *Nature*, 1984, 307 (5947): 161-163.

Kutas M, Hillyard S A. "Reading senseless sentences: Brain potentials reflect semantic incongruity." *Science*, 1980, 207 (4427): 203-205.

Kutas M, McCarthy G, Donchin E. "Augmenting mental chronometry: The P300 as a measure of stimulus evaluation time." *Science*, 1977, 197 (4305): 792-795.

Kvaran T, Sanfey A G. "Toward an integrated neuroscience of morality: the contribution of neuroeconomics to moral cognition." *Topics in Cognitive Science*, 2010, 2 (3): 579-595.

Lau Y L, Cameron C A, Chieh K M, et al. "Cultural Differences in Moral Justifications Enhance Understanding of Chinese and Canadian Children's Moral Decisions." *Journal of Cross-Cultural Psychology*, 2013, 44 (3): 461-477.

Lee D. "Neural basis of quasi-rational decision making." *Curr Opin Neurobiol*, 2006, 16 (2): 191-198.

Lee D. "Neuroeconomics: making risky choices in the brain." *Nat Neurosci*, 2005, 8 (9): 1129-1130.

Lee F, Hallahan M, Herzog T. "Explaining real-life events: how culture and domain shape attributions." *Personality and Social Psychology Bulletin*, 1996, 22, 732-741.

Leliveld MC, van Dijk E, van Beest I. "Initial Ownership in Bargaining: Introducing the Giving, Splitting, and Taking Ultimatum Bargaining Game" *Personality and Social Psychology Bulletin*, 2008, 34 (9), 1214-1225.

Levine RV, Norenzayan A, Philbrick K. "Cross-cultural differences in helping strangers." *Journal of Cross-Cultural Psychology*, 2001, 32 (5): 543-560.

Li X, Lu Z L, D'Argembeau A, et al. "The Iowa gambling task in fMRI images." *Human brain mapping*, 2010, 31 (3): 410-423.

Lieberman M D. "Social cognitive neuroscience: a review of core processes." *Annu Rev Psychol*, 2007, 58: 259-289.

Lind G. The meaning and measurement of moral judgment competence: A dual-aspect model. In: *Contemporary Philosophical and Psychological Perspectives on Moral Development and Education*. Cresskill: Hampton Press, 2008, 185-220.

Liu X, Banich M T, Jacobson B L, et al. "Common and distinct neural substrates of attentional control in an integrated Simon and spatial Stroop task as assessed by event-related fMRI." *Neuroimage*, 2004, 22 (3): 1097-1106.

Loewenstein G F, Weber E U, Hsee C K, et al. "Risk as feelings."

Psychological bulletin, 2001, 127 (2): 267-286.

Loewenstein G, Lerner J S. the role of affect in decision making. In: *Handbook of affective science*. Oxford: Oxford University Press, 2003, 619-642.

Loewenstein G, Small DA. "The Scarecrow and the Tin Man: The vicissitudes of human sympathy and caring." *Review of General Psychology*, 2007, 11 (2): 112-126.

Ma Q, Hu Y, Jiang S, et al. "The undermining effect of facial attractiveness on brain responses to fairness in the Ultimatum Game: An ERP study." *Front Neurosci*, 2015, 9: 77.

Maia T V, McClelland J L. "A reexamination of the evidence for the somatic marker hypothesis: What participants really know in the Iowa gambling task." *PNAS*, 2004, 101 (45): 16075-16080.

Mandel D R. "Economic Transactions among Friends." *Journal of Conflict Resolution*, 2006, 50 (4): 584-606.

Markus HR, Kitayama S. "Culture and the self: Implications for cognition, emotion, and motivation." *Psychological Review*, 1991, 98 (2): 224-253.

Mason M F, Morris M W. "Culture, attribution and automaticity: a social cognitive neuroscience view." *Social Cognitive and Affective Neuroscience*, 2010, 5 (2-3): 292-306.

Masuda T, Nisbett R E. "Attending holistically versus analytically: Comparing the context sensitivity of Japanese and Americans." *Journal of Personality and Social Psychology*, 2001, 81 (5): 922-934.

Mazziotta J, Toga A, Evans A, et al. "A probabilistic atlas and reference system for the human brain: International Consortium for Brain Mapping (ICBM)." *Philos Trans R Soc Lond B Biol Sci*, 2001, 356 (1412): 1293-1322.

Menon T, Morris MW, Chiu C, Hong Y. "Culture and the construal of agency: Attribution to individual versus group dispositions." *Journal of Personality and Social Psychology*, 1999, 76 (5): 701-717.

Metcalfe J, Mischel W. "A hot/cool-system analysis of delay of gratification: dynamics of willpower." *Psychol Rev*, 1999, 106 (1): 3-19.

Miller G. "The roots of morality." *Science*, 2008, 320 (5877): 734-737.

Miller J G, Luthar S. "Issues of interpersonal responsibility and accountability: A comparison of Indians' and Americans' moral judgments." *Social Cognition*, 1989, 7 (3): 237-261.

Miller JG, Bersoff DM. "The role of liking in perceptions of the moral responsibility to help: A cultural perspective." *Journal of Experimental Social Psychology*, 1998, 34 (5): 443-469.

Miltner W, Johnson R, Braun C, et al. "Somatosensory event-related potentials to painful and non-painful stimuli: effects of attention." *Pain*, 1989, 38 (3): 303-312.

Miyake A, Friedman N P, Emerson M J, et al. "The unity and diversity of executive functions and their contributions to complex 'frontal lobe' tasks: A latent variable analysis." *Cognitive Psychology*, 2000, 41 (1): 49-100.

Miyamoto Y, Nisbett RE, Masuda T. "Culture and the physical environment." *Psychological Science*, 2006, 17 (2): 113-119.

Moll J, de Oliveira-Souza R, Eslinger P J. "Morals and the human brain: a working model." *Neuroreport*, 2003, 14 (3): 299-305.

Moll J, de Oliveira-Souza R. "Moral judgments, emotions and the utilitarian brain." *Trends Cogn Sci*, 2007, 11 (8): 319-321.

Moll J, Zahn R, de Oliveira-Souza R, et al. "Opinion: the neural basis of human moral cognition." *Nat Rev Neurosci*, 2005, 6 (10): 799-809.

Montalan B, Boitout A, Veujoz M, et al. "Social identity-based motivation modulates attention bias toward negative information: an event-related brain potential study." *Socioaffective Neuroscience & Psychology*, 2011, 1: 5892.

Montoya ER, Terburg D, Bos PA, et al. "Testosterone administration modulates moral judgments depending on second-to-fourth digit ratio." *Psy-

choneuroendocrinology, 2013, 38 (8): 1362-1369.

Moore A B, Clark B A, Kane M J. "Who shalt not kill? Individual differences in working memory capacity, executive control, and moral judgment." *Psychological Science*, 2008, 19 (6): 549-557.

Moore AB, Lee NYL, Clark BAM, et al. "In defense of the personal/impersonal distinction in moral psychology research: Cross-cultural validation of the dual process model of moral judgment." *Judgm Decis Mak*, 2011, 6 (1): 186-195.

Morrill R L, Symons J. "Efficiency and equity aspects of optimum location." *Geographical Analysis*, 1977, 9 (3): 215-225.

Morris M W, Leung K, Iyengar S. "Person perception in the heat of conflict: Attributions about opponents and dispute resolution preferences." *Asian Journal of Social Psychology*, 2004, 7, 127-147.

Morris M W, Menon T, Ames D R. "Culturally conferred conceptions of agency: A key to social perception of persons, groups, and other actors." *Personality and Social Psychology Review*, 2001, 5 (2): 169-182.

Morris MW, Peng K. "Culture and cause: American and Chinese attributions for social and physical events." *Journal of Personality and Social psychology*, 1994, 67 (6): 949-971.

Muraven M, Baumeister R F. "Self-regulation and depletion of limited resources: does self-control resemble a muscle." *Psychol Bull*, 2000, 126 (2): 247-259.

Muraven M, Tice D M, Baumeister R F. "Self-control as limited resource: regulatory depletion patterns." *J Pers Soc Psychol*, 1998, 74 (3): 774-789.

Nichols S. "Norms with feeling: towards a psychological account of moral judgment." *Cognition*, 2002, 84 (2): 221-236.

Nieuwenhuis, S., Holroyd, CB., Mol, N., & Coles, MGH. "Reinforcement-related brain potentials from medial frontal cortex: Origins and functional significance." *Neuroscience and Biobehavioral Reviews*, 2004, 28 (4), 441-448.

Nisbett R E, Peng K, Choi I, Norenzayan A. "Culture and systems of thought: holistic versus analytic cognition." *Psychological Review*, 2001, 108 (2): 291-310.

Nisbett RE, Masuda T. "Culture and point of view." *Proceedings of the National Academy of Sciences of the United States of America*, 2003, 100 (19): 11163-11170.

Nisbett RE, Miyamoto Y. "The influence of culture: holistic versus analytic perception." *Trends in Cognitive Sciences*, 2005, 9 (10): 467-473.

Nitsche M A, Fricke K, Henschke U., et al. "Pharmacological modulation of cortical excitability shifts induced by transcranial direct current stimulation in humans." *The Journal of Physiology*, 2003, 553 (1), 293-301.

Nitsche MA, Paulus W. "Excitability changes induced in the human motor cortex by weak transcranial direct current stimulation." *The Journal of Physiology*, 2000, 527 (3), 633-639.

Norenzayan A, Smith E E, Kim B J, et al. "Cultural preferences for formal versus intuitive reasoning." *Cognitive Science*, 2002, 26 (5): 653-684.

Näätänen R. "The role of attention in auditory information processing as revealed by event-related potentials and other brain measures of cognitive function." *Behavioral and Brain Sciences*, 1990, 13 (02): 201-233.

O'Leary M J, Barber P J. "Stimulus congruence and the Simon effect." *Psychol Res*, 1994, 56 (3): 196-202.

O'Neill P, Petrinovich L. "A preliminary cross-cultural study of moral intuition." *Evolution and Human Behavior*, 1998, 19 (6): 349-367.

Olofsson J K, Nordin S, Sequeira H, et al. "Affective picture processing: An integrative review of ERP findings." *Biological Psychology*, 2008, 77 (3): 247-265.

Oosterbeek, H., Sloof, R., & van de Kuilen, G. "Cultural differences in ultimatum game experiments: Evidence from a meta-analysis." *Experimental Economics*, 2004, 7 (2), 171-188.

Parks J M L, Boles T L, Conlon D E, et al. "Distributing adventitious outcomes: Social norms, egocentric martyrs, and the effects on future relationships." *Organizational Behavior and Human Decision Processes*, 1996, 67 (2): 181-200.

Pascual-Leone A, Gates JR, Dhuna A. "Induction of speech arrest and counting errors with rapid-rate transcranial magnetic stimulation." *Neurology*, 1991, 41: 697-702.

Pascual - Marqui R D. "Standardized low - resolution brain electromagnetic tomography (sLORETA): technical details." *Methods Find Exp Clin Pharmacol*, 2002, 24 (Suppl D): 5-12.

Paulus M P, Frank L R. "Ventromedial prefrontal cortex activation is critical for preference judgments." *Neuroreport*, 2003, 14 (10): 1311-1315.

Paulus M P. "Decision-Making Dysfunctions in Psychiatry-Altered Homeostatic Processing." *Science*, 2007, 318 (5850): 602-606.

Peng K, Nisbett RE. "Culture, dialectics, and reasoning about contradiction." *American Psychologist*, 1999, 54 (9): 741-754.

Perkins AM, Leonard AM, Weaver K, et al. "A dose of ruthlessness: Interpersonal moral judgment is hardened by the anti-anxiety drug lorazepam." *Journal of Experimental Psychology: General*, 2013, 142 (3): 612-620.

Perner J, Lang B. "Development of theory of mind and executive control." *Trends Cogn Sci*, 1999, 3 (9): 337-344.

Peters E, Slovic P. "The springs of action: Affective and analytical information processing in choice." *Personality and Social Psychology Bulletin*, 2000, 26 (12): 1465-1475.

Petrinovich, L., &O'Neill, P. "Influence of wording and framing effects on moral intuitions." *Ethology & Sociobiology*, 1996, 17 (3), 145-171.

Picton T W, Bentin S, Berg P, et al. "Guidelines for using human event - related potentials to study cognition: Recording standards and publication criteria." *Psychophysiology*, 2000, 37 (2): 127-152.

Pizarro D A, Bloom P. "The intelligence of the moral intuitions: comment on Haidt (2001)." *Psychol Rev*, 2003, 110 (1): 193-196.

Pizarro D, Inbar Y, Helion C. "On disgust and moral judgment." *Emotion Review*, 2011, 3 (3): 267-268.

Pocheptsova A, Amir O, Dhar R, et al. "Deciding without resources: Resource depletion and choice in context." *Journal of Marketing Research*, 2009, 46 (3): 344-355.

Polezzi D, Daum I, Rubaltelli E, et al. "Mentalizing in economic decision-making." *Behav Brain Res*, 2008, 190 (2): 218-223.

Polezzi, D., Lotto, L., Daum, I., Sartori, G., & Rumiati, R. "Predicting outcomes of decisions in the brain." *Behavioural Brain Research*, 2008, 187 (1), 116-122.

Polich J. "Updating P300: an integrative theory of P3a and P3b." *Clinical Neurophysiology*, 2007, 118 (10): 2128-2148.

Potts G F. "An ERP index of task relevance evaluation of visual stimuli." *Brain Cogn*, 2004, 56 (1): 5-13.

Prehn K, Wartenburger I, Meriau K, et al. "Individual differences in moral judgment competence influence neural correlates of socio-normative judgments." *Soc Cogn Affect Neurosci*, 2008, 3 (1): 33-46.

Priori, A., Hallett, M., & Rothwell, J. C. "Repetitive transcranial magnetic stimulation or transcranial direct current stimulation?" *Brain Stimulation*, 2009, 2 (4), 241-245.

Proctor R W, Pick D F, Vu K P L, et al. "The enhanced Simon effect for older adults is reduced when the irrelevant location information is conveyed by an accessory stimulus." *Acta Psychologica*, 2005, 119 (1): 21-40.

Qu C, Wang Y, Huang Y. "Social exclusion modulates fairness consideration in the ultimatum game: An ERP study." *Front Hum Neurosci*, 2013, 7: 505.

Rai T, Holyoak, K. "Moral principles or consumer preferences? Alternative framings of the trolley problem." *Cognitive Science*, 2010, 34, 311-321.

Raz A, Buhle J. "Typologies of attentional networks." *Nat Rev Neurosci*, 2006, 7 (5): 367-379.

Ridderinkhof K R, van den Wildenberg W P M, Wijnen J, et al. Response inhibition in conflict tasks is revealed in delta plots. In: *Cognitive neuroscience of attention*. New York: Guilford Press, 2004, 369-377.

Ritov I, Kogut T. "Ally or adversary: The effect of identifiability in inter-group conflict situations." *Organizational Behavior and Human Decision Processes*, 2011, 116 (1): 96-103.

Rohrbaugh J W, Donchin E, Eriksen C W. "Decision making and the P300 component of the cortical evoked response." *Percept Psychophys*, 1974, 15 (2): 368-374.

Royzman EB, Landy JF, Leeman RF. "Are thoughtful people more utilitarian? CRT as a unique predictor of moral minimalism in the dilemmatic context." *Cogntive Science*, 2015, 39 (2): 325-352.

Rozin P. "Five potential principles for understanding cultural differences in relation to individual differences." *Journal of Research in Personality*, 2003, 37 (4): 273-283.

Rozin, P., Lowery, L., Imada, S., & Haidt, J. "The CAD triad hypothesis: A mapping between three moral emotions (contempt, anger, disgust) and three moral codes (community, autonomy, divinity)." *Journal of Personality and Social Psychology*, 1999, 76 (4), 574-586.

Ruby, P., & Decety, J. "What you believe versus what you think they believe: A neuroimaging study of conceptual perspective-taking." *European Journal of Neuroscience*, 2003, 17 (11), 2475-2480.

Sarlo M, Lotto L, Manfrinati A, et al. "Temporal Dynamics of Cognitive-Emotional Interplay in Moral Decision-making." *J Cogn Neurosci*, 2012, 24: 1018-1029.

Saver J L, Damasio A R. "Preserved access and processing of social knowledge in a patient with acquired sociopathy due to ventromedial frontal damage." *Neuropsychologia*, 1991, 29 (12): 1241-1249.

Saxe, R., & Kanwisher, N. "People thinking about thinking people: The role of the temporo-parietal junction in 'theory of mind'." *NeuroImage*, 2003, 19 (4), 1835-1842.

Schacter D L, Addis D R. "The cognitive neuroscience of constructive memory: remembering the past and imagining the future." *Philos Trans R Soc Lond B Biol Sci*, 2007, 362 (1481): 773-786.

Schelling TC. The life you save may be your own. In: *Problems in Public Expenditure Analysis*. Washington, DC: The Brookings Institution. 1968: 127-162.

Schmeichel B J, Vohs K D, Baumeister R F. "Intellectual performance and ego depletion: role of the self in logical reasoning and other information processing." *J Pers Soc Psychol*, 2003, 85 (1): 33-46.

Schmeichel B J. "Attention control, memory updating, and emotion regulation temporarily reduce the capacity for executive control." *J Exp Psychol Gen*, 2007, 136 (2): 241-255.

Schmitt, P., Shupp, R., Swope, K., & Mayer, J. "Pre-commitment and personality: Behavioral explanations in ultimatum games." *Journal of Economic Behavior and Organization*, 2008, 66 (3-4), 597-605.

Sekihara K, Sahani M, Nagarajan S S. "Localization bias and spatial resolution of adaptive and non-adaptive spatial filters for MEG source reconstruction." *Neuroimage*, 2005, 25 (4): 1056-1067.

Shacham S. "A shortened version of the Profile of Mood States." *J Pers Assess*, 1983, 47 (3): 305-306.

Shao S, Shen K, Yu K, et al. "Frequency-domain EEG source analysis for acute tonic cold pain perception." *Clinical Neurophysiology*, 2012, 123 (10): 2042-2049.

Shapiro E G. "Effect of expectations of future interaction on reward allocations in dyads: Equity or equality." *Journal of Personality and Social Psychology*, 1975, 31 (5): 873-880.

Shiv B, Bechara A, Levin I, et al. "Decision neuroscience." *Mark Lett*, 2005, 16 (3-4): 375-386.

Simon J R, Berbaum K. "Effect of conflicting cues on information processing: the 'Stroop effect' vs. The 'Simon effect'." *Acta Psychol (Amst)*, 1990, 73 (2): 159-170.

Singer M S. "The role of subjective concerns and characteristics of the moral issue in moral considerations." *British Journal of Psychology*, 1998, 89 (4): 663-679.

Skulmowski A, Bunge A, Kaspar K, et al. "Forced-choice decision-making in modified trolley dilemma situations: a virtual reality and eye tracking study." *Frontiersin Behavior Neuroscience*, 2014, 8: 1-16.

Slovic P. "If I look at the mass I will never act: Psychic numbing and genocide." *Judgment and Decision Making*, 2007, 2 (2): 79-95.

Small DA, Loewenstein G, Slovic P. "Sympathy and callousness: The impact of deliberative thought on donations to identifiable and statistical victims." *Organizational Behavior and Human Decision Processes*, 2007, 102 (2): 143-153.

Small DA, Loewenstein G. "Helping a victim or helping the victim: Altruism and identifiability." *Journal of Risk and Uncertainty*, 2003, 26: 5-16.

Srnka K J. "Culture's role in marketers'ethical decision making: An integrated theoretical framework." *Academy of Marketing Science Review*, 2004 (1): 1-26.

Stephan E, Liberman N, Trope Y. "The effects of time perspective and level of construal on social distance." *Journal of Experimental Social Psychology*, 2011, 47 (2), 397-402.

Strohminger N, Lewis RL, Meyer DE. "Divergent effects of different positive emotions on moral judgment." *Cognition*, 2011, 119 (2): 295-300.

Stroop J R. "Studies of interference in serial verbal reactions." *Journal of Experimental Psychology: General*, 1992, 121 (1): 15-23.

Sutton S, Braren M, Zubin J, et al. "Evoked-potential correlates of stimulus uncertainty." *Science*, 1965, 150 (700): 1187-1188.

Tajfel H, Turner J C. The social identity theory of intergroup behavior. In: *Psychology of Intergroup Relations*. Chicago: Nelson – Hall, 1986: 7-24.

Tajfel H. Social categorization, social identity and social comparison. In: *Differentiation between Social Groups: Studies in the Social Psychology of Intergroup Relations*. London: Academic Press, 1978: 61-76.

Tang Y, Zhang W, Chen K, et al. "Arithmetic processing in the brain shaped by cultures." *Proc Natl Acad Sci U S A*, 2006, 103 (28): 10775-10780.

Tassy S, Deruelle C, Mancini J, et al. "High levels of psychopathic traits alters moral choice but not moral judgment." *Frontiers Human Neuroscience*, 2013, 7: 1-6.

Thomas D C, Au K, Ravlin E C. "Cultural variation and the psychological contract." *Journal of Organizational Behavior*, 2003, 24 (5): 451-471.

Thomson J J.*Rights, Restitution, and Risk: Essays, in Moral Theory.*Cambridge, MA: Harvard University Press, 1986.

Triandis H C.*Individualism & collectivism.* Boulder, CO: Westview Press, 1995.

Triandis H C. "Cross-cultural Psychology." *Asian Journal of Social Psychology*, 1999, 2 (1): 127-143.

Tricomi, E., & Sullivan-Toole, H. Fairness and inequity aversion. In: *Brain Mapping: An Encyclopedic Reference.* New York: Elsevier, 2015: 3-8.

Trivers, R. L. "The evolution of reciprocal altruism." *The Quarterly Review of Biology*, 1971, 46 (1), 35-57.

Tversky, A., & Kahneman, D. "The framing of decisions and the psychology of choice." *Science*, 1981, 211 (4481), 453-458.

Ullsperger P, Metz A M, Gille, H G. "The P300 component of the event-related brain potential and mental effort." *Ergonomics*, 1988, 31 (8): 1127-1137.

Valdesolo P, DeSteno D. "Manipulations of emotional context shape moral judgment." *Psychological Science*, 2006, 17 (6): 476-477.

Valenzuela A, Srivastava J, Lee S. "The role of cultural orientation in bargaining under incomplete information: Differences in causal attributions." *Organizational Behavior and Human Decision Processes*, 2005, 96 (1): 72-88.

Van Hooff JC, Crawford H, Van Vugt M. "The wandering mind of men: ERP evidence for gender differences in attention bias towards attractive opposite sex faces." *Soc Cogn Affect Neurosci*, 2011, 6 (4): 477-485.

Van Lange, P. A. M. "The pursuit of joint outcomes and equality in outcomes: An integrative model of social value orientation." *Journal of Personality and Social Psychology*, 1999, 77, 337-349.

Verbruggen F, Liefooghe B, Notebaert W, et al. "Effects of stimulus-stimulus compatibility and stimulus-response compatibility on response inhibition." *Acta Psychol (Amst)*, 2005, 120 (3): 307-326.

Vogeley K, Bussfeld P, Newen A, et al. "Mind reading: neural mechanisms of theory of mind and self-perspective." *NeuroImage*, 2001, 14 (1), 170-181.

Vogt B A, Vogt L, Laureys S. "Cytology and functionally correlated circuits of human posterior cingulate areas." *Neuroimage*, 2006, 29 (2): 452-466.

Vohs K D, Baumeister R F, Schmeichel B J, et al. "Making choices impairs subsequent self-control: a limited-resource account of decision making, self-regulation, and active initiative." *J Pers Soc Psychol*, 2008, 94 (5): 883-898.

Vohs K D, Faber R J. "Spent Resources: Self-Regulatory Resource Availability Affects Impulse Buying." *Journal of Consumer Research*, 2007, 33 (4): 537-547.

Vohs K D, Heatherton T F. "Self-regulatory failure: a resource-depletion approach." *Psychol Sci*, 2000, 11 (3): 249-254.

Vohs K D. "Self - regulatory resources power the reflective system: Evidence from five domains." *Journal of Consumer Psychology*, 2006, 16 (3): 215-221.

Walter N T, Montag C, Markett S, et al. "Ignorance is no excuse:

Moral judgments are influenced by a genetic variation on the oxytocin receptor gene." *Brain Cogn*, 2012, 78: 268-273.

Wang W, Du W, Liu P, et al. "Five-factor personality measures in Chinese university students: effects of one-child policy." *Psychiatry Res*, 2002, 109 (1): 37-44.

Wang Y, Deng YQ, Sui DN, Tang YY. "Neural correlates of cultural differences in moral decision-making: A combined ERP and sLORETA study." *Neuroreport*, 2014, 25 (2): 110-116.

Wang Y, Ollendick T H. "A cross-cultural and developmental analysis of self-esteem in Chinese and Western children." *Clin Child Fam Psychol Rev*, 2001, 4 (3): 253-271.

Wang Y, Tang YY., Wang J. "Cultural Differences in Donation Decision-Making." *Plos One*, 2015, 10 (9): e0138219. https://doi.org/10.1371/journal.pone.0138219.

Weber E U, Morris M W. "Culture and Judgment and Decision Making The Constructivist Turn." *Perspectives on Psychological Science*, 2010, 5 (4): 410-419.

Wenner CJ, Bianchi J, Figueredo AJ et al. "Life History theory and social deviance: The mediating role of executive function." *Intelligence*, 2013, 41 (2), 102-113.

Wheatley, T., & Haidt, J. "Hypnotic disgust makes moral judgments more severe." *Psychological Science*, 2005, 16, 780-784.

Wickens C D, Isreal J, Donchin E. "The event related cortical potential as an index of task workload." *Proceedings of the Human Factors Society*, 1977, 21: 282-286.

Wu Y X, Wang B M, Du W Y, et al. "Development of a Chinese version of the Zuckerman-Kuhlman Personality Questionnaire: Reliabilities and gender/age effects." *Social Behavior and Personality*, 2000, 28 (3): 241-250.

Wu Y, Hu J, van Dijk E, et al. "Brain activity in fairness consideration during asset distribution: Does the initial ownership play a role?" *PLoS One*,

2012, 7: e39627.

Wu Y, Hu J, van Dijk E, et al. "Brain Activity in Fairness Consideration during Asset Distribution: Does the Initial Ownership Play a Role." *PloS one*, 2012, 7: e39627.

Wu, Y., & Zhou, X. "The P300 and reward valence, magnitude, and expectancy in outcome evaluation." *Brain Research*, 2009, 1286, 114-122.

Wu, Y., Leliveld, M. C., & Zhou, X. "Social distance modulates recipient's fairness consideration in the dictator game: An ERP Study." *Biological Psychology*, 2011a, 88 (2), 253-262.

Wu, Y., Zhou, Y., van Dijk, E et al. "Social comparison affects brain responses to fairness in asset division: An ERP study with the ultimatum game." *Frontiers in Human Neuroscience*, 2011b, 5, 131.

Xu X, Zuo X, Wang X, et al. "Do you feel my pain? Racial group membership modulates empathic neural responses." *The Journal of Neuroscience*, 2009, 29 (26): 8525-8529.

Xue S W, Wang Y, Tang Y Y. "Personal and impersonal stimuli differentially engage brain networks during moral reasoning." *Brain and Cognition*, 2013, 81 (1): 24-28.

Young L, Dungan J. "Where in the Brain is Morality? Everywhere and Maybe Nowhere." *Soc Neurosci*, 2011, 1-10.

Young L, Koenigs M. "Investigating emotion in moral cognition: a review of evidence from functional neuroimaging and neuropsychology." *Br Med Bull*, 2007, 84 (1): 69-79.

Young, L., Cushman, F., Hauser, M., & Saxe, R. "The neural basis of the interaction between theory of mind and moral judgment." *Proceedings of the National Academy of Sciences of the United States of America*, 2007, 104 (20), 8235-8240.

Youssef FF, Dookeeram K, Basdeo V, et al. "Stress alters personal moral decision making." *Psychoneuroendocrinology*, 2012, 37 (4): 491-498.

Yuan J, Zhang Q, Chen A, et al. "Are we sensitive to valence differences in emotionally negative stimuli? Electrophysiological evidence from an ERP study." *Neuropsychologia*, 2007, 45 (12): 2764-2771.

Zhang F, Deshpande A, Benson C, et al. "The adaptive pattern of the auditory N1 peak revealed by standardized low-resolution brain electromagnetic tomography." *Brain res*, 2011, 1400: 42-52.

Zhang Z, Yang C. "Beyond distributive justice: The reasonableness norm in Chinese reward allocation." *Asian Journal of Social Psychology*, 1998, 1 (3): 253-269.

Zuckerman M, Kuhlman D M, Joireman J, et al. "A Comparison of Three Structural Models for Personality: The Big Three, the Big Five, and the Alternative Five." *Journal of Personality and Social Psychology*, 1993, 65 (4): 757-768.

后　记

　　道德是哲学、心理学和认知神经科学等诸多学科关注的重要主题。进入 21 世纪以来，道德更是成为认知神经科学研究的新生长点，越来越多的道德认知神经科学的相关研究像雨后春笋般展开，这些研究成果不仅开阔了我们的视野，也加深了我们对道德领域的认知。

　　道德两难决策权衡是面对道德两难困境时个体的决策权衡。道德两难困境是指使人左右为难、模棱两可的道德情境。面对道德两难困境时，人们无法做出"正确"或"错误"的断然判断，只能对存在矛盾的情境进行仔细分析和思考，谨慎地做出选择决策。由于其特殊性，道德两难困境吸引了大批研究者的关注，人们对这一冲突过程中的判断和决策权衡感兴趣。本书对道德两难决策权衡的相关阐述主要从拒绝伤害行为和公平性这两个道德领域的主要研究方向展开。

　　本书首先简要地介绍了道德和道德两难决策权衡的相关概念，接着对当前道德两难决策权衡的研究状况进行了简要概述，然后从认知行为学实验和神经科学实验的角度对道德两难决策权衡问题的相关研究进行了较详细的阐述。其中，伤害行为的研究主要涉及经典的道德两难范式，该范式主要涉及功利主义和道义论之间的两难权衡；公平性的相关研究主要涉及公平和效率权衡的道德两难决策权衡。接下来，本书讨论了道德两难决策的相关跨文化研究。此外，借助于案例研究的相关工作，本书详尽论述了道德两难决策权衡的相关认知行为学、神经科学研究的过程、实验方法以及相关结论。最后，是本书的结论与展望部分，对本书涉及的相关研究成果与不足进行了总结，提出了一些建议与未来的展望。

　　本书可以作为道德两难决策权衡的入门性读物，帮助读者了解道德两难决策权衡的相关研究历程和研究结论。亦可以给相关的研究人员带来一些启发，提供一些参考。由于作者水平有限，文中难免存在一些瑕疵和错误，作者真诚地希望能够得到大家的指教和帮助，同时也希望有更多研究者和学者们加入该领域的研究和探讨，丰富道德两难决策权衡这一领域的相关知识。